二十年追梦之旅
——苏杰学校名师文选

苏 平 主编

南京大学出版社

图书在版编目(CIP)数据

二十年追梦之旅：苏杰学校名师文选 / 苏平主编
. — 南京：南京大学出版社，2020.12
 ISBN 978-7-305-23869-7

Ⅰ. ①二… Ⅱ. ①苏… Ⅲ. ①小学教育－文集 Ⅳ.
①G62-53

中国版本图书馆CIP数据核字(2020)第199707号

出版发行	南京大学出版社		
社　　址	南京市汉口路22号	邮编	210093
出 版 人	金鑫荣		

书　　名	二十年追梦之旅——苏杰学校名师文选		
主　　编	苏　平		
责任编辑	陆蕊含	编辑热线	025-83593962

照　　排	南京紫藤制版印务中心
印　　刷	南京凯德印刷有限公司
开　　本	787×960　1/16　印张 15.25　字数 210千
版　　次	2020年12月第1版　2020年12月第1次印刷

ISBN 978-7-305-23869-7
定　　价　68.00元

网　　址　http://www.NjupCo.com
新浪微博　http://e.weibo.com/njuyzxz
官方微信号　njupress
销售咨询热线　025-83594756

* 版权所有，侵权必究
* 凡购买南大版图书，如有印装质量问题，请与所购
　图书销售部门联系调换

前　言

张　杰

苏杰学校创办于2000年9月,2001年夏天,苏杰学校走出了第一届小学毕业生,到2020年夏天,苏杰学校走出了第20届小学毕业生。

当苏杰学校办学10周年时,作为创办者,我对她的评价是"开了一个很好的头"。而现在苏杰学校创办20年时,我对她的评价仍然是"开了一个很好的头"。

只要有人,学校会一直存在。我所知道的历史最悠久的学校是牛津和剑桥,800多年了,为英国和世界培养了太多太多优秀人才。苏杰学校的办学目标是"办最优秀的学校",能作为它的创办者,我深感荣幸。

我最为苏杰学校感到骄傲的是,我们的小学毕业生中前14届大部分进入了中国和世界一流大学,相信这个比例在所有小学中非常高。

我认为苏杰学校的核心价值是让孩子培养了好习惯。从小培养的好习惯让苏杰的学生能够很好地自我控制，生活有秩序。做事和学习的效率提高了，自信心也会得到加强，形成良性循环后能在生活、运动、交流、工作中不断受益。事实上，好习惯是一种重要的竞争力。这些恰好印证了人们说的，好习惯让人受益终生。

培养好习惯，说起来容易做到却很难。让一个学校的所有学生都做到，更难。为此，苏杰学校心无旁骛深耕了20年。

今天的苏杰，已经建立起了早教、幼儿园、小学、初中的完整的基础教育体系。我们希望：让孩子尽早通过科学的训练和培养，一步一步发展成为集举止优雅、品行端正、善于合作、喜欢学习、热爱运动等品质于一身的优秀的人。

我们与时俱进地大力发展了学校体育，绝大多数苏杰学生都有一项或者几项体育特长。

我们认为在一流大学中学霸不稀奇，学业以外有特别擅长项目的学生才能成为明星，而体育明星备受瞩目。

体育最基础的功能是提高人的身体素质。欧美国家孩子花时间最多的地方是运动场。其实道理很简单，体育首先是游戏，孩子天性好玩。同时体育本身就是教育，体育给予人身体素质的改变及坚毅、抗挫、配合等许多优良心理品质，是其他的课堂教育所无可替代的。现在我们国家已经高度重视体育，正在采取措施大力解决我国青少年体质持续下降的问题。

我喜欢体育运动。2016年，我偶然接触了赛艇，这项风靡欧洲100多年的运动很快让我乐此不疲。2017年3月我创建了中国第一支小学赛艇队，现在我们的赛艇队已经有了70多位队员，这些孩子的身心健康状况得到了显著提高。苏杰赛艇队在国内外比赛中取得了非常好的成绩，对我们的孩子与世界交流起到了非常积极的作用。

  2019年初,我们把苏杰赛艇队体能训练的方法迁移到幼儿身上,搭建起了一个非常棒的"苏杰登梅少儿体适能"平台,一年半的时间里,我们成功地改善了300多人幼儿园宝宝以及小学低年级同学的生活。参与孩子在抵御疾病,以及在爆发力、弹跳力、体耐力、敏捷性、灵巧性、距离感、平衡感、协调性等身体能力上得到大幅提升。同时在专注力、意志力、团结合作、勇敢自信、不怕困难、理性、果断等体育精神中成长的孩子,心理品质方面也有了全面改善及优化。

  现在,我们已经看到大力发展体育很好的成果了。未来,我们的学生将在保持优秀的"苏杰基因"的基础上,还会具备"身心强健"的优秀品质,综合素质优秀将是必然的结果。

目 录

第一章　启航

敢探未发明的新理 …………………………………… 苏　平　3

第二章　学者旅程

到新加坡女皇镇小学"走马观花" …………………… 苏　平　15
班主任工作心得 ……………………………………… 郏茂青　18
做一名幸福的教师 …………………………………… 顾笑颜　22
让每一位团队成员理解团队的目标 ………………… 苏　平　25
带领孩子去欣赏数学美 ……………………………… 苏　平　27
我的教师成长之路 …………………………………… 侯　婧　31
指导学生写出精彩的开头和结尾 …………………… 刘　滢　36
今天我当小作家 ……………………………………… 陈月红　43

第三章　书海寻美

教育是等待的艺术 …………………………………… 顾笑颜　49
《相约星期二》读后感（片段） ……………………… 刘　滢　53

用经典音乐作品润泽孩子们的心灵		
——读《和孩子们聊音乐》有感	孙雪莲	55
教育的力量	杨艳婷	61
沐浴书香　快乐成长		
——读《第56号教室的奇迹》有感	徐　悦	65
拓展教材界限，唤醒学习热情		
——读陈丹青《退步集续编》有感	刘　滢	68
从人文角度看科普		
——读《给孩子的生命简史》有感	侯　婧	72

第四章　挚爱与智慧

爱让我们幸福成长		
——2007年2月26日在开学典礼上的讲话	苏　平	79
尊重生命	钱小燕	81
感谢父母	郏茂青	84
收集快乐	杨艳婷	87
常怀感恩之心	杨艳婷	90
分享是一种快乐	顾笑颜	92
让人间充满爱	陈月红	94
心中有他人	景蓓蓓	96
学会赞美他人	郏茂青	98
在十年校庆典礼上的发言	苏　平	101
珍惜时间	樊海丽	104
演讲的艺术	顾笑颜	106
学而时习之	顾笑颜	109
养成勤俭节约的好习惯	陈　燕	111
让读书成为一种习惯	景蓓蓓	113
在艺术的殿堂里发现美、创造美		
——在"苏杰学校2018相约童年音乐会"上的发言	苏　平	115

珍爱生命	顾笑颜	117

第五章　研究与创新

数学的符号化思想	苏　平	121
浅谈如何提高小学英语教学的有效性	郏茂青	131
初探小学生科学实验记录能力的培养	潘　蕊	139
"植物栽培"校本课程的开发初探	蔡贤美	146
浅谈体育游戏对小学体育教学的影响	张　洁	154
小学美术作业的展示方式探究	王彩霞	162
浅谈苏杰学校读书节活动的设计原则	徐　建	168
浅论苏杰学校优秀教师文化的建设	苏　平	174
关于在校本课程中增设财商课的思考	乔立瑞	182
日本研学之旅		189
人工智能与基础教育		193
小学六年级格律诗词写作初探	刘　滢	196
关于阅读时光课程改革的思考	苏　平	204
小学教育亦可有大格局 ——美国研学有感	侯　婧	211
浅谈苏杰学校初中部的教育教学	苏　平	217

第六章　翰墨丹青

暮归（油画）	钱小燕	225
早春（油画）	钱小燕	226
静物写生（油画）	钱小燕	227
山水（国画）	王彩霞	228
山水（国画）	王彩霞	229
西江月·夜行黄沙道中	徐　建	230
诫子书	徐　悦	231

灵飞经 ………………………………… 夏建萍　232
大唐三藏圣教序 ……………………… 夏建萍　拉页
金刚般若波罗蜜经 …………………… 夏建萍　拉页

第一章

启航

敢探未发明的新理

苏 平

培育我鼓励我健康成长的第一位老师是我的父母,没有他们在做人方面对我的严格要求,没有他们给予我的一个充满爱的、能够自由探索的生活空间,就没有我的今天。对我的生活和人生选择产生重要影响的是我的小学一年级班主任余穆玲老师、中学班主任戴美玲老师和其他教过我的老师们,没有他们的培育和智慧,就没有我今天的进步。读高中的时候,我和爸爸妈妈说过,我有两个理想:第一,做一位学生喜欢和佩服的老师,像我的中学语文老师李洪龙那样才华横溢,像我的中学数学老师周家湜那样妙语连珠;第二,当一名作家,写几本出众的书,拥有一批喜欢我的书的读者朋友。

成为教师后,陶行知先生的教育思想指引着我放飞梦想,于2000年7月和先生一起走上了办学之路。

儿时父母的教诲

在儿时母亲留给我最深的印象是她那圆圆的红润面庞、笑容可掬的样子,每天傍晚门外响起她那熟悉的脚步声时,父亲就会对我们兄妹说:"瞧,我们的红苹果回来了!"儿时的记忆中,母亲总是乐呵呵地面对一切,即使在三年困难时期、在"文革"动荡的时代,我们兄妹始终能感受到家庭的温馨和从容。

五六岁的时候,我们兄妹时常会在父亲的带领下,在门前的一块地里种上丝瓜、花生等。在之后的日子中,我们便会在那绿茵茵的丝瓜架下欣赏着一条条胖乎乎的丝瓜。夏日的晚上,我们躺在门前的凉床上,数着天上的星星,看着萤火虫在丝瓜叶中一闪一闪的,编着美丽的童话。每逢收获季节,亲手采摘着碧绿的丝瓜,看着刚刚从地里刨出的一串串果实饱满的鲜花生,是我童年中很开心的时光,特别是当我按照父母亲的吩咐,将刚刚收获的农产品送给邻居家的叔叔阿姨们,他们的感谢与夸奖使我的步伐越发欢快。

读小学时,父母亲对我们考了多少分好像不是那么关注,对我们的家务劳动、起居等日常生活却管理得很细,并且很严;对我们按时完成家庭作业、何时做何事有着严格的要求。从小学二年级开始,父母就要求我们轮流值日管理家务,值日当日要负责生火做饭、买菜、刷洗碗筷等,特别是晚上要将烧煤炭的炉门关好,这是个经验活,关得太严第二天炉火便会熄灭,反之又会使炉火烧过头最终也会熄灭。我现在还能记得,每当轮到我值日时,夜里我会几次去厨房看看煤炉的情况,以便采取相应的措施。值日还有一个任务,就是管理一天的开支,按照预算去采购当天全家人三顿饭的吃喝,并将当日的日常开支完整地记录下来。我们在值日中处理的各种问题,父母亲总是赞赏有加,最后还给我们指出今后在哪些方面需要再调整或做些努力。

长大以后,我越来越感到父母亲的伟大,他们就是从这些看似很不起眼的小事中让我们学会生活、学会学习、学会如何与别人很好地相处。良好的教诲让我终身受益。

我们和女儿

　　女儿扬扬从小在日常生活中得到了很多锻炼的机会。11个月的时候,我带着她在鸡鸣寺的草坪上学走路,我和她保持着一定的距离,扬扬哈哈笑着喊着"妈妈"向我走来,笑着走着,不小心摔倒了,我等着她自己爬起来……扬扬学走路没有任何依赖,所以她自己小心翼翼。刚学走路的时候,她看着房间里各个位置的板凳、床沿、桌边等,估计着自己能否从板凳边没有任何扶持并安全地走到3米远的床沿,歇口气再从床沿独立地走到桌边。扬扬自打会走路以后,我们经常领着她徒步玩,尽量不抱她。扬扬爸爸总是变着花样儿磨炼女儿。扬扬近四岁时,我们带她玩昆明和大理,从石林的阿诗玛到大理的青石板铺就的古巷,都留下了扬扬自己的小脚印。她已习惯了不要求我抱她,我也习惯了随着她的速度慢慢走。不到一岁半,她就能自己用勺子吃饭。上幼儿园大班的时候,她已经能把自己的衣服叠得整整齐齐。从小学到高中毕业,扬扬没有到医院去挂过一次水。

　　上小学之前,我们没有教她认字,也没有教她十以内加法和减法。但我们很重视她的说话表达能力,经常给她讲故事,让她看着连环画自己讲故事、编故事。扬扬一岁半的时候,能够把孙悟空、猪八戒的故事讲得有声有色。有一件事我和扬扬爸爸一直记忆犹新！在她11个多月大的一天,我挽着扬扬一起上三楼回家,她在一层一层上楼梯的时候,突然自言自语地说着:"一、二、三、四、五、六、七、八、九、十！"啊！女儿能从一数到十了！我们当时非常激动！她爸爸赶紧去拿录音机:"扬扬,你再数一次",可是扬扬的兴趣已经转移了,笑嘻嘻地朝着公公走过去:"东东……"其实,研究数学教育的我们心里非常清楚,此时的女儿哪是在数数呢,更不可能有数的概念,就像喊爸爸、妈妈一样,只是将"一到十"作为符号背下来了,因为我经常挽着她一边走楼梯,一边数着"一、二、三……"她自从11个月开始逐步学习说话以后,很喜欢与人交流,语言发展得很快。在女儿说话发展的各个阶段,她爸爸有严格的要求和标准。

也许是我们没有提前教她认字吧,上小学一年级时,她对认字非常有兴趣,每次放学我或者她爸爸去接她,她一路上总是兴致勃勃地说着她新认识的字,还在寻找着小店的门牌上、鸡鸣寺的楼亭上、车身上她所认识的字,一旦发现她认识的字就非常开心。很快,没到二年级,她就对字典和成语字典产生了兴趣。一次放学走到解放门时,她说:"妈妈,你知道丈二和尚摸不着头脑是什么意思吗?"还有一次放学走在路上,扬扬对我说:"妈妈,你以后不要不分青红皂白说我呀。"三年级的时候,她就对社会上故意用含有错别字的成语作为广告词的现象发表自己不赞成的观点。在那走了无数次的两旁栽着樱树的鸡鸣寺的小路上,我们和女儿的心里充溢着成长的快乐!

记得扬扬上三年级时,一次上午八点不到,我正在家里准备出门,而且就是到女儿所在的小学里听实习生的课,突然接到女儿在学校传达室里打来的电话:"妈妈,请你帮我把桌上的一本作业本送来给我好吗?"我坚定地说:"这是你自己没有做好课前准备,你要自己承担。"女儿气呼呼地说:"世界上没有像你这样做妈妈的!这么狠心呀!这下子我要倒霉了!"一刹那,我的心软了、动摇了,似乎看到了女儿圆圆的脸庞上挂着的眼泪……出门前,我把放进包里的作业本又拿了出来放回原处,我还是坚持下来了,没有给女儿送作业本。

女儿上四年级时,我们让她坚持做一件事:每天晚上播放《新闻联播》时,用15分钟左右的时间边听边做速记。经过一段时间,女儿能记录30条左右的新闻,这对锻炼她的听力、注意力、概括能力和书写很有好处。她爸爸负责对女儿的新闻速记做点评。

作为从事教育工作的父母,我们从来不提前教她学习学校里的课程,从小学一年级到高中毕业,女儿都是跟着学校老师循序渐进地学习。我们在配合学校方面,主要从三点入手:第一,让女儿喜欢学习、热爱读书;第二,培养女儿养成良好的学习习惯;第三,配合学校培养女儿的学习能力。

在小学高年级的暑假,女儿就开始读《钢铁是怎样炼成的》等长篇小说;上初一以后,女儿就独立安排读书计划,开始读《战争与和平》等长篇小说了。记得当时她很喜欢欧·亨利的小说,还发表了文章《欧·亨利短篇小说的艺术魅力》。关于学习,女儿高一期间给我们印象比较深的有两件事。其一是,女儿设计了一份调查问卷,100份发给父母、100份发给中学生,调查父母和中学生子女平均每天交流多长时间等问题。在研究的基础上,她撰写了一篇论文《对当代中学生与父母关系的调查与思考》并发表于高校学报。其二是,她为了研究同样的商品为什么在不同的商店会有不同的销售价格,分别调研了"家门口小店、老字号国营商场、现代大超市"三种类型的商店,然后撰写了一篇论文:《对16种商品销售价格的调查与思考》。

女儿读中学期间,我们很关注她学习能力、沟通能力和社会活动能力的培养,给予她自由思考和设计自己的空间、时间。记得中考那一天,我们照样忙着自己的工作,她是自己骑着自行车到另一所中学去参加考试的(之前也是她自己去看考场)。到北京读大学报到的第一天,她独自一人办好了各种手续,独自一人考察了大学图书馆、食堂、澡堂等教学和生活环境,独自一人在宿舍里撑起了蚊帐,安排好了自己的生活设施。读中学的六年,她热情地参加各种社会活动,积极地探索适合自己的学习方法,无论文科课程、理科课程,还是艺术、体育课程,她都充满热情地学习。

记得女儿在剑桥大学送我的第一份生日礼物是她申请剑桥的一套个人资料,里面包括她的6篇论文,大信封上还写着这样一句话:"妈妈,我够资格进苏杰吗?"看着珍贵的礼物,我的心中充满了幸福。

领着学生欣赏数学美

作为一位教师,最幸福的事情,就是有机会把爱和智慧一点一滴地传递给学生,让学生热爱生活、拥有梦想、保持好奇、学会学习。

在晓庄师范工作的13年,我的一个重要角色是数学教师,我教过高等代数、概率统计、初等数论、数学竞赛、小学数学教育等课程。1995年到江苏教育学院工作后,我又给全省小学数学骨干教师上过课,给校长班上过课。办学后又教过两年苏杰的孩子。我常常思考:如何让学生喜欢我教的数学课呢?数学教学的核心是什么?应当怎样做数学老师?

学生就业后,如果不是从事数学教育工作,在日常工作与生活中能用到他们十几年来所学到的数学知识的千分之一就很不错了!十几年的数学学习对学生的一生产生重要影响的不是具体的数学知识和数学竞赛题,而是数学的思维方法、数学的精神和数学思想,是数学家或者优秀数学教师的品格魅力和思维方式、学习方式。因此,数学教学的核心目标是:让学生在各个学习阶段掌握美妙的数学思维方法,具备良好的理性思维素养。这个目标如果实现,将让学生一生受益。

为了实现这样的教学目标,数学教师得透彻理解数学的文化魅力和思维魅力,具备厚实的底蕴,并不断有适合学生的教学方法,让学生喜欢你的数学课。学生是否喜欢数学、是否会学数学,直接关系到他数学学习的质量,而且,对学生各学科学习能力的发展起着重要的作用。因此,数学教师需要去研究各个年龄段学生的学习心理,需要通过数学知识去潜心研究内在的数学思维,需要研究数学美,带领着学生去欣赏数学美、理解数学美,让学生认识到数学是每个人生活中离不开的智慧朋友。比如假设法的思维美、符号化的简单美、黄金分割的比例美等等,数学中的美俯拾皆是,我们要让学生的数学学习成为一种对美的思考和欣赏,成为一种探索和研究活动。

数学家不是神仙,数学教师也不是每一道数学题都会立即解答。在数学教学中,我们应将教师解决问题的思考过程、研究过程(包括失败的解题方案)展现给学生们,让学生学会思考和解决问题,而不是直接告知结论。这样才能促进学生的智力发展和优秀思维品质的发展。

我喜欢研究数学,喜欢当老师。1982年大学毕业后,我一直坚持对数学及其相关文化的学习与研究,从徐纪敏的《科学美学思想史》到沈致远的科学散文《科学是美丽的》,我畅游在真善美的海洋中。我特别敬佩旅美科学家沈致远先生将科学思维与人文思维融为一体。在20世纪科学进步带来了技术、经济的飞速发展和空前的物质文明的同时,也产生了资源的浪费和环境的污染等严重问题。沈先生指出:在科学研究中要倡导人文精神,使科学发展回归到"以人为本"的正道上来。在教学工作中,我对数学哲学、数学方法论方面的课题非常有兴趣,我读了M.克莱因的《古今数学思想》,G.波利亚的《数学的发现》《数学与猜想》,国内徐利治、郑毓信、朱梧槚等数学家的数学方法论丛书,读了米山国藏的《数学的精神、思想和方法》等许多数学著作;我参加了全国首届数学美学研讨会、数学方法论研讨会等,在国家哲学类核心期刊《科学技术与辩证法》等刊物上发表了《浅谈数学美感》《数学的符号化思想》《论数学的整体化思想》《概率统计与哲学》《小学生数学学习过程》《数学的模型化思想及其教育价值》等论文,还参与了专著《国际数学奥林匹克思想方法》的撰写,出版了《数学中的试错与筛选》等著作。在数学研究中,北京社科院的林夏水先生、中科院的数学家胡作玄先生、南大的数学家朱梧槚先生给予了我热情的帮助和指导,他们是我的恩师,对我的数学教育工作和2000年后的办学影响很大。

十年来,苏杰学校数学教研组的老师们坚持教学研究,积极探索适合孩子的数学教育,让孩子喜欢数学、会学数学,在数学的百花园里收获五彩缤纷的智慧果实。

办学梦

大学毕业后,实现教育梦想的第一个舞台是南京晓庄师范,能在陶行知先生创办的晓庄师范开始放飞教育梦想,真是我一生的幸运。我在那绿树成荫、琴声飞扬的校园里工作和生活了近十四年,我永远难忘晓庄师范的一批老前辈给予我的人生指导和教学业务上的帮助,而教育家陶行知先生的教育思想这盏明灯,一直指引着我在教育研究的征程中前行。

在那些年里,我有缘系统研读陶行知先生的著作,一遍又一遍地学习和理解陶行知先生的教育思想,我为他放弃高官厚禄、献身教育的精神所感动。陶行知先生是我最佩服、最崇拜的一位伟大的教育家,他"敢探未发明的新理,敢入未开化的边疆",坚持从中国国情出发,办中国人所需要的教育。晓庄师范便是他1927年创办的一所乡村师范学校。他由此创立了"生活即教育"学说,开辟了一条改革中国教育的新路,引起了全世界教育家的关注。

陶行知先生"教学做合一"的教育思想和校训,是我近30年一直不断学习、不断实践的一门功课。陶先生在1927年晓庄师范的寅会演讲中告诉我们:"事怎样做就怎样学,怎样学就怎样教;教的法子是根据学的法子,学的法子要根据做的法子。教学做是一件事,不是三件事。我们要在做上教,在做上学。做是学的中心,也是教的中心。"关于怎样做老师,陶先生认为:"我以为好的先生不是教书,不是教学生,乃是教学生学。"

在教育实践中,我不断地去思考和理解陶先生"教学做合一"的教育思想,不断地去领悟"生活即教育"学说的内涵。结合我的教育实践和当今基础教育的发展,我深深地体会到:在教育过程中,学生常常又是老师,教师和学生共同成长,是教师这个职业富有幸福感的一个重要标志。好的教育必须要适合学生的学习过程,适合学生学会做学问、学会做人。陶先生所说的"在做上教,在做上学",不仅仅指动手实践、生活实践等"亲知",还指学生的"思想、探索、思维实践、思维拓展、创造新的价值"等,这些都是很重要的"做"。能否让学生亲身经历学习、探索的过程,是衡量课堂成功与否的根本标志。

为什么许多家长只要求孩子考高分,而不让孩子参加家务劳动?教育改革中为什么要专门提出一个"素质教育"的口号?为什么小学教师起早摸黑地辛苦工作,可是又收效甚微?我们到底该如何创造适合孩子健康成长的教育呢?……我能够做些什么呢?

对于一个学生的求学生涯,我认为最重要的是:他对学习有兴趣,并且会学习,对学习始终保持积极的探索状态,有自由思考的空间。可是我看到的现象常常让我目瞪口呆。一次,我辅导一个初三的数学成绩较好的孩子数学,我问他:"代数思维和算术思维有什么不同点?"他一脸茫然!我问他:"什么叫归纳?"他说不知道。许多学生都是被动地为考试而学习,但是并没有掌握重要的学科思维方法。而且,孩子们除了睡觉以外的时间,都被大人们排满了:这样那样的课程要学、这样那样的作业要做。孩子们哪有自己的思考时间呢?"自由安排的时间"成为上学孩子的奢侈品。

十年前的一次放学时分,我看到一位六年级孩子的妈妈在校门口等着接孩子,她一手拿着点心、一手扶着自行车,看着儿子走出来一脸热切的期盼的表情,身体微微向前探着(我知道她儿子的数学竞赛是拿大奖的)。可是儿子从校园里走出来,一脸冷冰冰的麻木的表情,就像不认识他妈妈一样!走过妈妈身边,他继续旁若无人地往前走着……我深深地被震撼了!我的心在痛!作为一位老师,我觉得这是教育的失败!那一夜,我躺在床上翻来覆去睡不着,想了很多很多……

在做了18年大学老师后,我毅然决定放弃大学教师的铁饭碗,和先生张杰走上了办学之路。我和先生希望办一所孩子、家长和老师都喜欢的学校。在这所学校里,大家共同去努力、去创造,让教育适合孩子。老师们每天都开心地工作,让孩子热爱学习,大家互相扶持、互相赞美、互相关爱,用一颗炽热的心去尊重孩子、去爱孩子,不断收获团队的共赢,每一位老师都能成功。在这所学校里,我们每天都能看到孩子灿烂的笑脸,看到孩子彬彬有礼、谦和友善、开朗豁达、富有慈善心,每一个孩子都能懂得"爱与尊重",每一个孩子都热爱读书,拥有科学的学习方法,每一个孩子都是闪亮的星星,都是宝贝,每一个孩子都能收获优秀的品格与学习能力。

2000年9月1日,是我和先生人生中精彩难忘的一天!59个家庭信任地兴高采烈地将自己的孩子交给了我们。苏杰的教师团队怀揣着同一个办学梦起航了。我们立志做有教育思想的一流的教师、一流的教育家。

2002年,我们提出了"更快乐,更健康,更优秀"的校训。2003年,我们立下了"办中国最优秀的私立学校"的目标。

陶行知先生早在1925年南开学校的演讲中就谆谆教导师生:要做一个整个的人。做一个整个的人,有三种要素:(一)要有健康的身体——要做一个八十岁的青年,别做一个十八岁的老翁;(二)要有独立的思想——要虚心,要思想透彻,要有判断是非的能力;(三)要有独立的职业。我们认为：小学教育阶段,是让一个孩子形成优秀人格、优秀情商和优秀习惯的关键阶段,是培养孩子具有一个健康身体的关键阶段,是培养孩子学习能力的关键阶段。如果苏杰的孩子走出苏杰以后,能够保持快乐、健康、优秀,无论走到哪里都受人欢迎,成家立业后,能有一个幸福的家庭、能有一份热爱的事业,能给予社会卓越的贡献,那就是苏杰办学的成功。

第二章

学者旅程

到新加坡女皇镇小学"走马观花"

苏 平

2006年7月16日,我们带着苏杰40多位学生来到了新加坡女皇镇小学,在那儿待了不到两小时。

这所小学是政府开办的公办学校,是新加坡200所公办小学之一。前两年由三所小学合并为一。因为办在住宅区里,所以在新加坡被称作"邻里学校"。

新加坡小学教育6年、初中教育4年,共有10年义务教育。

女皇镇小学办校宗旨:培育学生具有德、智、体、群、美五育俱全,充分发挥学生各自的潜能,并能接受各种生活的挑战。

女皇镇小学的展望:创造一个优雅、有创意、重思考的学府,并能灌输学生活到老、学到老的精神。

女皇镇小学办学的四大要点:追求学术上的卓越成就、注重体能和艺术的熏陶、培养良好的品格、培养爱国的意识。

女皇镇小学的价值观:重视素质、诚恳、思想积极、坚持不懈、自律、多思考。

综观女皇镇小学的办学要点、展望和价值观，我觉得和苏杰的一些教育理念、目标、要求非常相似。

在课程设置方面，女皇镇小学每节课30分钟，每周有48节课。开设的科目和中国的公办学校差不多，没有苏杰学校开设的科目多和全。该小学非常强调语言、数学、道德和体育的教学。也许因为"英语"是新加坡的工作语言，"英语"在总课时中占31%。"数学"在总课时中占23%，显得非常重要，比如一年级每周有10节数学课。有门课和我们的品德课类似，他们叫作"好公民课"，在总课时中占6%，比我们的公办学校多，而且内容联系孩子的生活实际，互动的内容很多，还有非常实用的系统性作业，小到有"节约一滴水""怎样过马路"的讨论，大到学习新加坡的法律，还具有人文、科学的综合性（我非常希望得到他们的"好公民"教材和"科学"教材，可惜没有机会逛书店）。新加坡对母语（我们叫作"语文"）教学很重视（主要是华文、马来文和泰米尔文），在总课时中占18%。低年级母语课更多一些，每周有11节课。随着年级的增长逐步减少，四年级每周8节母语课，六年级每周4节母语课。我们还看到了孩子们必须完成的18个项目的"语文达标卡"的电子稿。我很感兴趣的是，他们对体育教学非常重视。我们去的那天，恰逢星期六，孩子们不上课，又下着雨。可教学楼里很热闹。原来是六年级的孩子们在参加体能测试。看得出来，女皇镇小学在这方面有一些规范的课程设计和评价。例如，孩子的体重若超标了，需要去上减肥课。

陪同我们参观的一位山东过去的老师告诉我，在学科评价方面，孩子们每学年参加四次考试，每次成绩占有一定的比例，最后有一个总成绩。

路过女皇镇小学的大礼堂，发现里面正开着家长会。家长们正在和老师们商讨学校的事情。家长们经常义务地为学校做一些事情。

学校环境也给我留下了美好的记忆。学校的墙壁雪白，从墙顶一直到墙根，没有一点脏痕（我很脸红！我们的新楼房才用了两年，白墙上已有了脚印、汤迹和许多脏痕）。地面没有灰尘，更没有任何垃圾（近期《读者》上有一句话说得好：所谓"素质"就是用不着"提醒"。相比之下，我们有的成年人,随便扔烟头、扔垃圾,差距太大了!我们必须要忍着剧痛超越自我!)。女皇镇小学的每一间教室,都布置得充满童趣、美丽,又有学术氛围。

班主任工作心得

郝茂青

今天能在这么多位有几十年班主任工作经验的老教师和多位优秀的年轻班主任面前做这个发言,我感到特别荣幸。我将从以下三个方面谈一谈我是如何与孩子及家长交流的。

一、多从孩子的角度看待问题

记得有一次一个孩子打了同学,他对我说了很多的理由。当时我非常气愤,随口就来了一句"别给我找这么多理由"。然后我就用我的方式对孩子进行教育,当我认为我说得很到位的时候,孩子突然来了一句:"老师,你不会懂的。"说这句话的时候他表现得很无奈,我当时就愣住了。事后我就想我到底哪儿不懂了,直到调查完这件事情我才找到了答案。我明白了我眼中的"理由"其实在孩子眼中是事情的原因,而孩子有时候根本不能分辨出这些原因是否合理。作为老师我可以宏观地看待整件事情,从我的角度出发对孩子进行教育,但如果孩子仍然坚信自己的"理由",他就会认为老师是自以为是。所以,在处理这些事情时,我开始学着倾听孩子的各种理由,并从这些理由出发对孩子进行引导,站在他们的角度上分析问题,直到我们最终达成共识。

二、通过实际行动让孩子感受到老师的真诚,让孩子从心底认同老师的观点

我想说的第一件事情发生在英语教学当中。记得有一届六年级在分班上课后,我所带的那个班有些孩子英语字母书写不够规范,于是我规定要是哪个字母写得不规范,就要重新写10遍这个字母。后来有一次我板书时写得太快,有一个字母写得不规范,当时就有孩子大声喊:"老师书写不规范,应该罚写100遍。"孩子们哄堂大笑。我当时一笑了之,但是当天下班后,我把罚写这件事情安排在了必须做的事情里。因为运气不是很好,那个写得不规范的字母一共出现了5次,所以我总共写了500遍。第二天上课时,我首先做了检讨,然后我把抄好的字母放在讲台上让孩子们验收,和我检查他们罚写一样。那天我得到了热烈的掌声,更重要的是后来孩子们更乐意接受我的一些惩罚措施了,他们认为那是他们应该做的事情,就如同我接受惩罚一样。我想说的第二件事情是我在做六(3)班班主任期间的事情。那时有段时间我们班科学课的上课质量不好,到后来竟然有人在科学课上传纸条聊天。我非常重视这件事情,不仅在全班进行了多次教育,也和部分同学做了个别交谈。我原以为这样的事情不会再发生了,但不久科学课上出现了更疯狂的传纸条事件。我当时对自己很失望,觉得讲了这么多竟然一点用都没有。我想了很久,决定就此事专门开一次班会。因为前面的教训,也为了体现我对这件事情的重视,我连夜写了3000多字的演讲稿。当我拿着演讲稿站在孩子们面前时,孩子们首先表现出了惊讶。在我讲的过程中,我看到了孩子们的变化,他们从先前的惊讶到后来表现出了惭愧。最后,当我告诉他们为了准备这个稿子,从思考

到成稿我总共花了4个多小时,一直写到夜里1点多钟,就是为了让他们明白我的苦心,他们低下了头,当时我就相信这次一定会有用。果然,后来再也没发生上课传纸条的事情。

在和孩子相处的过程中,有时候我们会一遍又一遍地重复同一个道理或要求,而这样往往会使孩子变得麻木,也达不到我们要的效果。如果老师能结合一定的实际行动,让孩子能以另外一种方式去接受这些道理或要求,也许会有意想不到的效果。

三、能想到家长所想,并及时与家长沟通

作为班主任,及时解决家长提出的问题是要达到的最基本的要求。而现实中有不少家长会因为各种各样的原因,当他们心里对孩子的学习状态产生疑问时,他们不会及时与老师沟通,直到孩子出现具体的表现(如成绩下滑、上课不专心等)时才会联系老师。作为班主任老师,我们和孩子接触时间较多,对孩子的状态有更清晰的认识。当我们发现孩子状态有问题时如果能及时主动联系家长,就能帮助家长释然心中的困惑,也更利于帮助孩子及时解决问题,而不必等到出现具体的问题。

在家校合作中,家长的配合至关重要,但并不是每一个家长都能全力按老师的要求进行配合。当出现这种情况时,原来我会抱怨家长不配合,但我发现那样也无济于事。后来在和一些老教师的交谈中,我逐渐明白了家长的难处,毕竟他们也有自己的事业和生活空间。于是我改变了做法,如果家长能全力配合,我采取相应的方法;如果家长不能全力配合,我就采取另外的方法,对这样的孩子我会多一些关注,尽量减轻家长的负担。

我们学校学生家长的素质都相当高,在他们对我们工作有疑问的时候,他们通常都会以讨论的态度与老师交流。当家长因为不了解情况而提了不合适的建议时,我通常都耐心与家长讨论,直到得到家长的理解。有时候在与家长讨论后,我发现确实是我处理问题的方法不合适时,我首先向家长道歉,并及时更正方法,将对孩子的不利影响降低到最小。而在我

以这种态度接受家长的建议后,家长通常都非常理解,这样就不会影响到家长和老师的关系了。

与孩子和家长的有效交流是班主任工作的一个重要方面,也是促进孩子进步的灵丹妙药。本学期通过与家长的交流和配合,通过与孩子的交流,我很高兴地看到我们班孩子取得了可喜的进步。刚开学时作业都交不全的某同学,现在不仅能按时交作业,而且作业的正确率有很大的提高;原来对学习成绩满不在乎的某同学,现在能主动向老师请教学习问题,能为了提高学习成绩而不断努力;原来只关心自己学习的一些同学,现在能主动帮助同学,主动与大家分享好的学习方法和解题思路。当我看到他们下课讨论题目的情景时,感到特别高兴!

以上只是个人在与孩子和家长交流方面的一些感想,愿与大家分享,也欢迎大家批评指正。

做一名幸福的教师

顾笑颜

如今,大家喜欢用一个城市居民的幸福指数来衡量这个城市的综合发展状况,换句话说,城市发展的质量要用老百姓的幸福指数来衡量。那么,我们是不是也可以类推:学校教育的成功与否应该是用学生和教师的幸福指数来衡量的。而这其中,教师的幸福指数又尤为重要,因为,法国作家罗曼·罗兰曾经说过:"要撒播阳光到别人心中,总要自己心中有阳光。"教师要想让学生感受到幸福,首先自己要感受到生活是幸福的。

幸福是什么?不同的人有不同的理解。有人说,教师青灯黄卷,离幸福似乎很远,于是每天都在抱怨中度过;有人说,教师的生命像一个长长的句子,艰辛是定语,耐心是状语,热情是补语,于是每天都在重复中走过。这些人他们不知道,"幸福"它不是一件物品,从来都不能靠别人给予;"幸福"是自己的一种感觉,它来自你的努力争取,来自你的用心感受。

一名幸福的教师,肯定是"心中有梦"的教师。有这样一个故事:三位工人正在一个建筑工地上砌砖头。有人问他们在做什么,结果他们的回答各不相同:一个说"赚钱",一个说"砌砖",而第三个则自豪地回答:"我正在建造世界上最美丽的房子。"后来,第三个人成了著名的建筑师,而那两位工人则一生默默无闻。这个故事也许不是真的,但我们不得不承认,其间蕴含的,正是世间最简单、最深刻的道理。从成功心理学角度来看:人的抱负层次越高,成就也越大;从健康人生的角度来看:人活着,一定要有生活的目标。

对于心中有梦的教师来说,教育不是牺牲,而是享受;不是重复,而是创造;不是谋生的手段,而是生活的本身。我们的一生不一定要干成什么惊天动地的伟业,但它应当犹如百合,展开是一朵花,凝聚成一枚果;它应当犹如星辰,远望像一盏灯,近看是一团火,在"照亮"学生的过程中,也"照亮"了自己,从而享受着双重的幸福。

一名幸福的教师,肯定是"心中有爱"的教师。这个"爱",既是指热爱生活,也是指热爱孩子。有一位老师,有着出色的教学成绩,更有着独特的师德信条。他始终以"争做教育家,不当教书匠"为自己矢志不渝的追求,在教育教学之余,抓紧分分秒秒的时间来研究书法、欣赏音乐,用琴棋书画打造生命的亮色,用丰厚的学识构建生命的课堂。三尺讲台,他和学生们共同演绎着精彩,收获着快乐;温馨家庭,他与家人共享天伦之乐。作为事业家庭兼顾型的优秀教师,他享受着教育事业带来的有滋有味的幸福。

如果有人问,这个世界上最美好的事物是什么?我想那莫过于孩子了。孩子们有最纯真的心灵,最诚实的态度,最善良的愿望,他们集真善美于一身。而我们教师,由于工作的特殊性,有幸能天天和最美好的孩子们在一起学习生活,又怎能不感觉到幸福呢?还记得我们班最调皮的小宇,在一次秋游的途中,他不顾自己的疲劳,守着一个座位,让我休息。还记得我们班的小晗,因为作业完成得不符合要求,被我喊到办公室批评,可在离开办公室的那一瞬间,他又折回来,紧张地对我说:"顾老师,祝……祝你寒假快乐!"还记得在课堂上,我给孩子们提出了这样的要求:当我的目光投向你,你也要给我回应,让我从你的眼睛中读到"顾老师,我在听呢"!当你想要回答问题的时候,你要举好手,眼睛看着我,用你的眼神告诉我:"顾老师,这个问题我懂,你请我回答吧!"当然,我也会用我的眼神告诉孩子们:"我看到你举手了!""你现在上课的状态很棒!"这实在是一件很美妙的事情,让我常常觉得跟孩子们有一种心有灵犀的感觉。和孩子们在一起,让我感受到了做教师的幸福。

一名幸福的教师,肯定是"满怀智慧"的教师。当我们的心灵被成绩禁锢,当我们的灵魂被琐碎的事务束缚,很多教师便在挣扎、迷茫与痛苦中度过。可是,魏书生能花最少的时间取得最大的效益,我们为什么不能?幸福的教师,要满怀智慧。怎样才可以让学生快乐地学习,怎样才能让学生最清晰地掌握方法,怎样使学生的记忆力提升,怎样让学生学会做人……这许许多多的问题,如果我们能用心地做研究,勤奋地做学问,教育的道路就会轻松许多,我们的职业也会幸福许多。因为有了我们在快乐的课堂上播撒智慧的阳光,懵懂的孩子们才听到了知识的声音,悟到了智慧的方法,远大的理想便会激励他们迈出创新的脚步。看到桃李芬芳,幸福感怎能不油然而生呢?

亲爱的老师们,让我们用我们的梦想,用我们的爱心,用我们的智慧,在培养孩子走向优秀的同时,成就我们一生的幸福,让我们做一名幸福的教师吧!

让每一位团队成员理解团队的目标

苏 平

什么叫"团队"？就是具有不同能力、才干、经验和背景的一群人，为实现一个共同的目标而形成的组织。尽管他们有这么多的不同，但共同的目标足以将他们紧紧地凝聚在一起。

拥有清晰的共同目标，这是团队的本质特点，是团队存在的根本原因。更重要的是：团队的每个成员都要理解这个目标并相信目标的正确性，相信只要大家共同努力就能够实现目标；另一方面，团队的每个成员必须清楚，为了实现目标，我在整个过程中需要做什么、怎样做。目标的实现依赖于每个成员的每一份工作的顺利完成，需要每个成员互相配合好，有高效的执行力。

团队需要有一个合适的、明确的前进目标，是一个描述了团队努力方向的目标，是一个改善现状、不断进步的目标。

团队目标的描述应尽量简洁和明确，便于团队成员的理解，让团队成员一看就知道目标是什么，便于指导行动。约翰·肯尼迪总统在1962年时提出了美国一个最负盛名的目标。他说："在这个10年结束之前，人类要登上月球并安全返回地球，我相信我们的国家一定可以承诺并达到这个目标。"他清楚地表明了美国的目标和达到这个目标需要的时间，这是一个卓越的目标表达！

假如团队的一个学期目标是："提高年级组的课堂教学质量"，虽然这个目标很棒，但传达给每位成员的信息是什么呢？各位成员会有不同的理解，既不清楚团队的目标究竟是什么，也不清楚自己要做什么。产生的结果就是各人按自己的理解或者过去的经验看着办，各忙各的。这方面，我们还可以向乐队学习。我们可以从这样几方面将目标具体到清晰和准确：学生听课、完成作业、做课前准备等好习惯的培养；教师的教学准备、课题研究、课堂操作、课后反思和检测；家长满意度调查和研究等。

团队的目标还需要具有可行性。在制定目标前，我们要做充分的研究。

每个团队的成员都能够理解团队的目标，并明确自己的责任，相信这个目标是能够实现的。在行动之前达成共识，心往一处想、互相配合好，那这个团队一定能够成功。

我们需要做的一项重要工作就是：如何让每一位成员在行动之前达成共识？这需要有很好的工作理念、团队制度、沟通氛围和合作智慧等。比如，我们需要拥有卓有成效的团队会议、需要学习沟通的技巧等等。

带领孩子去欣赏数学美

苏 平

孩子是否喜欢数学、是否会学数学,直接关系到他数学学习的质量,而且,对孩子各学科学习能力的发展起着重要的作用。那么,如何让孩子在十多年的数学学习中保持兴趣呢?带领着孩子去欣赏数学美、理解数学美,是家长和老师帮助孩子学好数学的金钥匙。

一、带领着孩子去欣赏数学的简单美

就像优秀的诗词讲究用精练的文字表达丰富的内容一样,数学公式、法则、定理等,用精练的语言和符号,高度概括了现实世界中量的关系和结构。你看,用阶乘符号"$n!$"表示连乘积"$n\times(n-1)\times\cdots\times3\times2\times1$",多么简洁、恰当!给人一种清晰明快的美感!真是一种无可挑剔的简单美!

我们再来看看反证法的魅力。

数学家遇到一些难题时,若从正面进攻较困难,就巧妙地采取欲擒先纵、反其道而行之的方法，出其不意地达到目的。比如2000多年之前，欧几里得用反证法证明了"质数的个数是无穷的"：假设质数的个数有限，那么必然存在着一个最大的质数P。把所有的质数相乘，再加"1"得：Q=2×3×5×7×…×P＋1，其中Q或者是质数，或者是合数，因为Q大于全部质数2、3、5、…、P中的任何一个，所以Q不是质数；另一方面，由Q的构造得知，Q不会被2到P的所有质数整除，所以Q也不是合数，矛盾！于是命题得证。您瞧，解题方法的简洁既在意料之外，又在严谨的科学之中，闪耀着数学美的光辉。

我们要在教学中及时引导孩子发现数学的简单美，让孩子掌握优秀的数学思维方法。

二、带领着孩子去欣赏数学的对称美、比例美

当孩子学习图形面积知识时，我们可以引导孩子去发现图形面积的大小和其对称性之间的十分奇妙的联系：在周长一定的所有三角形中，等边三角形的面积（即对称轴最多的三角形）最大；在周长一定的四边形中，正方形（对称轴最多的四边形）的面积最大；在周长一定的所有平面封闭图形中，圆的面积最大（圆有无数条对称轴）。联系生活实际，孩子会欣喜地发现：为了美观与实用，人们把许多容器的截面几乎都设计成了对称图形，而且圆形特别受到青睐。

当孩子学过比例后，我们不妨带领着孩子去欣赏那神奇的黄金数。比如以一个正常人为例：$\frac{肚脐到脚底的距离}{头顶到脚底的距离} \approx 0.618$；$\frac{眉毛到脖子的距离}{头顶到脖子的距离} \approx 0.618$。又如三叶轮状植物，相邻两个叶片在与茎垂直的平面上的投影夹角是137°20′，这个角恰巧是把圆周分为1∶0.618的两条半径的夹角。植物学家的实验表明，这个角度对叶子的通风、采光等都是最佳的。

法国的巴黎圣母院、中国故宫的设计中都巧妙地使用了黄金数；人们在绘画或摄影时，为了避免把主体放在画面正中而形成呆板的对称，常常

将中心放在"黄金分割"点上;人们用接近黄金分割的比例来设计书籍的开本、电影屏幕、门窗、国旗等等;利用黄金分割,我们还发现并应用了有重大经济效益的快速优选法……欧洲著名科学家开普勒说过:"几何学有两个宝藏,一个是勾股定理,一个是黄金分割。"

小学数学中有许多美妙、对称的算式,值得我们带领孩子去欣赏。

$$1×1 = 1$$
$$11×11 = 121$$
$$111×111 = 12321$$
$$1111×1111 = 1234321$$
$$11111×11111 = 123454321$$
$$111111×111111 = 12345654321$$
$$1111111×1111111 = 1234567654321$$
$$11111111×11111111 = 123456787654321$$
$$111111111×111111111 = 12345678987654321$$
$$1×9 + 2 = 11$$
$$12×9 + 3 = 111$$
$$123×9 + 4 = 1111$$
$$1234×9 + 5 = 11111$$
$$12345×9 + 6 = 111111$$
$$123456×9 + 7 = 1111111$$
$$1234567×9 + 8 = 11111111$$
$$12345678×9 + 9 = 111111111$$
$$123456789×9 + 10 = 1111111111$$

上述"金字塔"的有序、对称、和谐,会使学生们忘记数字的枯燥,对"金字塔"过目不忘,爱不释手;美的欣赏会激发学生们的创造性思维,促使他们按照美的规律去探索一座座"金字塔"。

三、带领着孩子去欣赏数学思维方法的美

请看一道小学数学题:将5、6、7、8、9五个数填在下图的方格里,使横、竖三个数的和都是20。

孩子们如果发现了其中的奥秘:横竖两行得数的总和是20+20=40,比五个数的和5 + 6 + 7 + 8 + 9=35多5,原因就在于"中心数"重复计算了两次,因此中心数是5,于是其余四个数的填法自然"水到渠成"。那么他们心中的奇异、愉悦感是不言而喻的。这样的数学学习难道不是一种艺术欣赏吗?

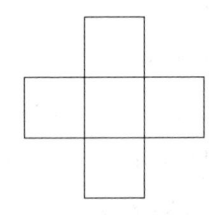

和谐有趣的数学题,就像一首首绝妙的短诗,吸引着学生们跃跃欲试,探索其中的奥秘,进而发现美的规律,掌握优美的思维方法。

让我们共同研究,带领着孩子在数学学习中去了解数学的美、欣赏数学的美。

我的教师成长之路

侯 婧

加入苏杰学校这个温暖的团队,成为一名光荣的小学语文教师以来,我感悟良多、收获良多。正是苏杰乐学进取的环境,以及身为教师的责任和情感,还有好奇心和求知欲让我不断成长。

一、向同事学习:转益多师是吾师

苏杰的每个青年教师都会有一个"师傅",师傅由经验丰富的老师来担任,在各个方面给予徒弟指导和帮助。我刚入职时,每天都去听我的师傅——顾老师的课,学习并模仿她的教学设计、课堂管理、教学语言和教态,认真写下一篇篇课堂笔记和听后记,不断和自己的课堂相比较,再一点点尝试和改善。顾老师也每天都来听我的课,从每一个细节上给予我真诚的毫无保留的指导。我现在的师傅夏老师也是一位能不断接受新鲜事物、不断学习的教师,虽已有几十年的教学经验,但在六年级的阅读与写作课上,她仍不断钻研，大胆引入全新的方法和理念。和她聊天，她的言语之间全是对教师职业的热爱，这大大鼓舞和激励了我。

　　此外，其他老师也有许多优秀的品质和行之有效的做法，值得我去学习。进入苏杰后，校长常和我们探讨学校的教育教学理念，给了我们很多实在的建议；语文组的老师们常在一起分享宝贵的教学经验；年级组的老师们在班级出现一些问题时、在和家长交流时也都给予了我无私的帮助；有的老师管理班级很有经验，我作为配班的语文老师，就不断去观察她管理班级以及和孩子交流的方式，为我后来担任班主任积累了宝贵的经验；还有老师在QQ上和我分享了大量班主任工作的心得和语文教学的方法，给了我很多启发。而自从担任班主任后，班里有29个孩子，我便成了第30个学生，终日待在教室里和孩子们一起听课，各科老师上课和管理班级都有独到之处，不知不觉中，我也学到了很多东西，他们都是我的老师……

　　我相信，如果做一个有心人，就会发现身边到处都是值得学习的人，转益多师是吾师。

二、向孩子学习：成长与进步的秘诀

　　韩愈《师说》里的话到今天我一直记得："孔子曰：三人行，则必有我师。是故弟子不必不如师，师不必贤于弟子，闻道有先后，术业有专攻，如是而已。"回顾和孩子们朝夕相处的日子，我发现自己从他们身上学到了太多太多。

　　首先是学习他们的求知欲和好奇心。作为班主任，我总喜欢坐在教室里，一是为了便于观察和了解每个学生，另一个原因就是喜欢看他们上课时举得高高的手，喜欢老师为他们讲授新知识时那一双双发亮的眼睛和有了小小的发现时的一声声惊叹。还记得一节科学课，老师讲到宇宙的形成，讲到大爆炸理论，孩子们不断追问：那星系又是怎么形成的呢？太阳系的边缘到底在哪里呢？为什么火星不能像地球一样适宜生存呢？他们的眼睛紧紧盯着老师，生怕漏掉一点点信息。下课后，还有孩子追着老师问引力常量是多少,对着黑板上老师写的公式不断演算。数学思维课上,他们不断研究,不断追求更好的方法;英语课上他们绘声绘色地表演情景剧;作文课上他们用一支生花妙笔向我描绘自己独特的观察和情感……这唤醒了我对知识的热情,也正是因为他们的这种好奇心和求知欲,鞭策着我认真面对每堂课,不敢有半点懈怠。

其次是学习他们阳光乐观的心态。我的孩子们总是如此热情地回应我说的哪怕一个小小的笑话;我带着感情朗读一篇文章,他们报以热烈的掌声;我在课上秀了几个英文单词,他们会带着惊讶的表情大加赞赏;也许前一分钟他们还在哭鼻子,后一分钟脸上就能挂上一个灿烂无比的笑容;他们的学习也非常辛苦,可是他们很少怨天尤人,课间的一个小小游戏就能让他们开怀,一个小小的表扬就能让他们开心半天;他们坦诚直率,个性十足,不会有种种的顾忌,和他们聊天很轻松;他们活力十足,好说好动,兴奋时表情丰富,动作夸张,待在教室里,总是会不由得被他们逗笑……我向他们学习用更单纯更乐观的眼光去看待生活,觉得自己至少从心态上变得年轻了。

三、和家长交流:将心比心,以诚相待

其实学生出现的很多问题根源都在家庭,班主任事实上带了两个班,一个是学生班,另一个则是家长班。如果做不好家长工作,没有家庭的配合,在校的很多努力就收效甚微。我渐渐地在实际工作中总结出了经验,发现对待家长,处事的方法和语言的技巧很重要,但更重要的还是将心比心,以诚相待。

家长为孩子辛勤付出,也需要理解和关心,因此在和家长沟通时,我特别注意安抚他们的情绪。"您也不容易""您是不是最近太累了,要多注意身体""孩子真的长大了,也更懂事了,您不妨多听听他的看法,让他给您出出主意"等等,这些话都是我常挂在嘴边的。孩子生病请假,我一般会发一条短信表示关心;有时我会在家校本上写一些给孩子的话,请他们理解体

谅家长；即便孩子有什么问题，我在和家长沟通时，也会先讲讲孩子表现好的方面，或在理解其感受的基础上提出建议。

此外，还要经常发现孩子在校的一些可爱的、懂事的小细节主动和家长分享。曾有孩子在班上讲过："我虽然学习很辛苦，但知道爸爸妈妈是为我好，将来我一定要报答他们。"当时我觉得很感动，晚上就发短信分享给家长。这样的举动虽小，但会让家长觉得特别暖心，也就更能配合老师的工作了，一旦家庭有了一个好的氛围，孩子状态也会好很多。

我要感谢我们的每一位家长，他们为我打开了一个个窗口，让我更全面更清楚地了解了每一个孩子。在我的职业成长道路上，是他们的及时反馈让我调整脚步，是他们的肯定让我更有信心，也是他们的支持才能让我更好地开展工作。

四、坚持阅读：丰富生活，自我修炼

职业成长需要别人的指点，但也非常需要自我的思考和感悟，书籍就是最好的老师。

刚做教师时，我总是捧着各种教育类书籍阅读，当时只是想寻求一些具体问题的解决方案。但我渐渐发现，这些书籍开始帮助我形成了属于自己的教育思想，虽然还很不成熟，但的确在教学和班主任工作中，我开始能渐渐按照自己的想法去试验和操作了。读书让我感觉到我自己是在从事教育事业，而并非只是做一个教书匠，上班赚钱而已。

当然，只读教育类的书籍是不够的。文学、历史、科普、艺术、小说、散文、诗歌，甚至科幻、侦探、天文、地理、生物、绘本……各方面的书籍我都很感兴趣。读多了不仅丰富见识，让各方面的思考更为深入，还能和我的孩子们有更多的共同话题，何乐而不为呢？那么怎么更好地利用时间来读书呢？我发现了几个妙招。一是利用零散时间，我会在做家务时听荐书节目以及各种有声书，会在排长队或等车时打开手机看一篇小散文，会在睡前躺在床上读一两篇小小说，周六周日一早起床大声朗读一篇古文，每天也许只能看一点点,但日积月累,就很可观。二是努力提高做事效率,为自己赢得时间。我有意识地让自己在工作时集中精神,提高效率,做事不断寻求更合理省时的方法,回家后就会拥有更多阅读的时间。而且读书成了我的动力,工作反而更有效率。三是利用通勤时间看书。我每天上班要在地铁上度过一个小时,利用这段时间阅读,一个月可以读一百多万字的内容。四是把阅读和工作结合起来。在班上和孩子们一起建设图书角;下课和他们聊几句课外书的话题;上课和小结时,有机会就插入几句最近的读书心得,讲个书里的小故事;备写作课找材料时,自己也乘机再读几篇文章,这也让一些本来重复的工作变得不那么枯燥和机械了。

当然,读书要努力和现实生活结合起来,多联系实际去思考。一个优秀的教师,往往同时也是一个热爱生活的人。就说语文教师,如果只知道照本宣科而没有丰富的生活体验,很难想象要怎么去教给孩子们感受和描绘生活,去读懂那些感情丰沛的文字。我相信其他学科也是一样的。

其实,自己的成长之路不过是刚刚开始,作为教师,前方的路是曲折辛苦的,但又是充满魅力的。

指导学生写出精彩的开头和结尾

刘 滢

一、问题的提出

记得小时候看过一则笑话,专门调侃小学生作文的,说:一天,天气晴朗,万里无云,我和爸爸妈妈高高兴兴地来到了动物园……笑话里把所有小学生作文里的套话都用遍了,当时看了觉得很好笑。不过,现在我来教作文了,再看到这样的套话,就觉得不舒服了。

有一次批改月考卷,题目是"规则",百分之八十的孩子都以"国有国法,家有家规"作为开头或结尾。开始还觉得这开头不错,可是批着批着就觉得不对头了,怎么都是"国有国法,家有家规"?真是味同嚼蜡。这个问题需要重视。

同一个题目的作文,内容其实不大容易重复,顶多选材相似,结构大体相似,细节还是有差别的。最容易重复,最容易陷入套话模式的就是文章的开头和结尾。

在低年级，老师一开始教说话写话的时候，会教小朋友，开头要说清楚时间、地点、人物、事情，结尾要点题。在打基础的时候，孩子使用某种模式没有什么大问题。

到了中高年级，还是千篇一律地用一种模式，就不行了。例如：

写游记，开头总喜欢说"我去过某某、某某、某某地方，但是我印象最深的就要数某某地方了……""某天，天气如何如何，我和爸爸、妈妈一起坐上了开往某地的火车。我一路上非常兴奋……"结尾就写"我下次还要再来""我真喜欢某某地方""我就高高兴兴地跟着某某回家了"等等。

写人记事的，开头就说"在我成长的道路上，我经历过很多事，有快乐的，有悲伤的，但是我印象最深的就是……"结尾写"通过某事，我懂得了要如何如何"。除此之外，往往还要硬生生地去发一些议论，讲一些大道理，甚至有些道理一看就是硬挤出来的，真叫人无法接受。这样的开头和结尾是很减分的。

有一次，一个高年级的孩子给我看她写的作文，这是一篇描写中秋赏月经历的文章。我读着读着，眼前出现了美丽的月夜，差点就要陶醉了，可是画风突变，一些大道理跃入眼帘，居然还联系到社会的发展、人类的进步等等，完全和文章内容不搭调。我问她："你在那么美的月光下想的是这些吗？"她说："当然不是了，但是写作文结尾不都应该总结出什么大道理吗？"我突然想到贾平凹写的《月迹》，他在开头写："我们这些孩子，什么都觉得新鲜，常常又什么都不觉得满足；中秋的夜里，我们在院子里盼着月亮，好久却不见出来，便坐回中堂里，放了竹窗帘儿闷着，缠奶奶说故事。"完全没有什么废话套话。到结尾，他很自然地结束："大家都觉得满足了，身子也来了困意，就坐在沙滩上，相依相偎地甜甜地睡了一会儿。"这就是小孩子会有的经历和感觉，他们应该能写出来，可是他们现在脑子被套话、套路塞满了，总是草草地用那些套话给习作开头和结尾，而自己的创造力和真实细腻的感受却被套话所淹没。这种现状一定要改变。

二、解决的方法

我想要行动起来,指导孩子把作文的开头和结尾写出新意来,可是应该怎么做呢?

(一)寻找范例

我想起自己看过的很多精彩的名家小说和散文,包括写给孩子看的,里面几乎看不到重复的开头和结尾。没有几个优秀作家喜欢模仿别人,他们总是追求别致。而且他们常常是有感而发,美妙的句子自然而然地从笔下流泻而出,根本不会去使用某种套路作为自己文章的开头和结尾。

于是,我开始查阅名家经典散文,去寻找合适的范例,给孩子们做个参考。有一次我们刚好要写一篇描写风景的作文,我就去翻了很多经典写景文,收获了很多精彩的开头和结尾。

(1)通过反复强调来感叹景色之美

朱自清《绿》

开头:"我第二次到仙岩的时候,我惊诧于梅雨潭的绿了。"

结尾:"我第二次到仙岩的时候,我不禁惊诧于梅雨潭的绿了。"

简单、直接,看似重复,实则表现了梅雨潭之绿之美给自己带来的心灵冲击。

(2)通过环境描写来烘托气氛,抒发情感

俞平伯《桨声灯影里的秦淮河》

开头:"我们消受得秦淮河上的灯影,当圆月犹皎的仲夏之夜。"

结尾:"凉月凉风之下,我们背着秦淮河走去,悄默是当然的事了。如回头,河中的繁灯想定是依然。我们却早已走得远,'灯火未阑人散';佩弦,诸君,我记得这就是在南京四日的酣嬉,将分手时的前夜。"

在开头和结尾写当夜的明月、凉风、河灯等景物,没有说得很明白,但能引发读者对环境和气氛的想象,仿佛也能感受到作者当时的惆怅。

(3)以生动形象的比喻来抓住景物特点,吸引读者

李乐薇《我的空中楼阁》

开头:"山如眉黛,小屋恰似眉梢的痣一点。"

结尾:"虽不养鸟,每天早晨有鸟语盈耳。无需挂画,门外有幅巨画——名叫自然。"

可爱的小屋立于山脊一个柔和的角度上,正似美人眉梢的痣一点。而结尾处的比喻,给读者一种特别清新动人的感受。仅看开头结尾,就能体会到作者对于自己那所小屋的喜爱之情。

(4)以简洁的历史记载或神话意象来表现名胜古迹的年代久远和文化积淀

余秋雨《莫高窟》

开头:"莫高窟对面,是三危山。《山海经》记,'舜逐三苗于三危'。可见它是华夏文明的早期屏障,早得与神话分不清界线。"

结尾:"我们,是飞天的后人。"

作者在开头从莫高窟对面的三危山的传说引出下文,告诉读者莫高窟的历史和大致方位,让读者一下子就感受到莫高窟的古老。结尾短小精悍,令人回味,怎么理解都可以(当然这样的结尾建立在作者本身的深厚积淀之上)。

上面所列举的开头和结尾,无疑为文章增色不少,能够吸引读者,引起读者的共鸣或思考。

(二)课上指导

于是,作文课上,我带着孩子们按照类别去读这些开头结尾,读完了再回头去鉴赏那些套话一大堆的所谓作文范例或优秀作文,那种乏味的感觉特别强烈。他们也开始思考,是不是能够打破自己平时写作的套路,写出一些跟别人不一样的,属于自己的东西。其实他们到某个特别美的地方玩过,看到社会上的一些现象,都会有自己独特的体验、独特的情感,他们只需要抛开那些会让他们变得懒惰的套话,再静静地想一想,就会写出特别美丽的、能够打动人的开头和结尾,而且完全不会跟别人的重复。

我们平时学习了那么多修辞手法,有比喻、拟人、排比等等,还学了很

39

多名言和诗句,为什么不能用上呢?我们当时看到的景物是什么,当时的感受是什么,仔细回忆一下,就写出来,为什么要去考虑以前别人是怎么写的呢?

(三)反复修改

在游记方面,有的孩子在开头还是会忍不住要罗列一些去过的名胜古迹,再把自己当天要写的那处挑出来表示最喜欢。还有人喜欢加上一长段,描写自己去之前一路上的兴奋。万事开头难,我能够理解,其实有时候一个冗长的开头可能反映了一个孩子正在绞尽脑汁去构思他的文章,尤其是考试的时候。

我要告诉孩子们的就是,磨刀不误砍柴工,耐下心来等一等,给自己一些思考的时间,想想能不能营造出或宁静或热烈的气氛,给自己的文章一个诗情画意的开头。如果一定要抓紧时间,一个像朱自清的"我第二次到仙岩的时候,我惊诧于梅雨潭的绿了"那样简洁而给人印象深刻的开头也是不错的。花一点时间,构思一个精巧独特的开头,就可以牢牢吸引住读者的视线,让他们有深入阅读的冲动。

在游记的结尾,有的孩子喜欢感叹一下"某某地方真美啊""真是不虚此行""真是令人喜爱"之类。我就告诉他们,"美""喜爱"实在是范围很大又很浅显的词语,自己的感受区别于他人,就一定要有自己的特点。像李乐薇那样,给文章加一个比喻句或拟人句来结尾,马上就会让人眼前一亮。再不行,就把自己离开时所见的最后的美景写一句,也很有味道。更何况,我们学了那么多古诗,找一句合适的来结尾,也很文艺嘛。

写人记事的文章也是这个道理,只要愿意花点时间,完全可以构思出别致的开头和结尾,即使灵感不足,也可以去寻找一些新颖贴切的名言佳句来替代。总之,要记住一个原则:开头和结尾是自己独特的真实情感的流露,不以敷衍的态度去随手套用,就一定能写出精彩,至少写出创意。

也就是这样点拨了一下,孩子们就给了我非常令人惊喜的回报。

下面是点拨之后班上孩子习作的开头和结尾节选:

《日落》

开头：在信阳的那个湖畔，那家农庄，我第一次看到了日落。

结尾：一天又逝去了，湖面、树木都闭上了眼，农庄的灯也点亮了……

《牯牛降泛舟》

开头：伴着轻快的步子，湖上悠闲的竹筏载上了一片笑声。竹筏轻轻一抖，和着小溪的步伐开始舞蹈。

结尾：伴着水声，还有青山相送，船靠了岸……

《过春节》

结尾：鞭炮放完了，可快乐还没有结束，这快乐将伴随我们一整年，直到下一个春节……

《厦门日出》

开头：在厦门的海边，一次日出让我为之震撼。

结尾：太阳立在空中骄傲地向人们挥着手！我们人类是多么期盼光明啊！

《日落》

开头：我站在窗前，看太阳一点点落下去……

结尾：它一个猛子钻进云里，不见了。它身旁的云，又亮了一下，然后，便失去了亮光。转眼一看，好像，天上有了星星……

《春节拜年》

开头：今年春节，我"动机不纯"地给妈妈拜了年。

结尾：红包沉甸甸的，似乎承载着妈妈无穷无尽的爱。对着红包，我想了很久，心里甜甜的。

《游船玄武湖》

开头：前几周，我和爸爸一起荡漾在玄武湖上。

结尾：凉风吹拂，爽透心田，非常舒适悠闲。

景美，身悠，风拂面；

树绿，水清，游船闲。

《小区的日落》

开头：我们小区上空的太阳，随着时间的变化，快落山了，我照往常一样在阳台上目送它离去。

结尾:我真希望明天下午它还是这么美丽,晚点落下吧,太阳……

《二月兰》

开头:我喜欢二月兰,喜欢它们连成片的美丽。

结尾:我喜欢二月兰,喜欢它们团结的力量。

瞧,孩子们是最不缺乏学习能力和想象力的,当你给了他们一些范本,并归纳总结出一些方法、一个方向,解开他们思想上的束缚,他们就能够写出精彩的文字。

我希望带着孩子们去接触更多美好的作品,让他们把自己心里的美好用他们独特的语言和表达方式释放出来。不仅仅是开头和结尾,我们的目标是让孩子彻底释放自己的情感和想象力,写出精彩的文章。

今天我当小作家

陈月红

"写作能力是语文素养的重要体现。写作教学应贴近学生实际,让学生易于动笔,乐于表达,应引导学生关注现实,热爱生活,积极向上,表达真情实感。"《语文课程标准》中关于写作教学的建议,给我们指明了教学的方向。让学生易于动笔,乐于表达,爱好写作,是语文老师一项十分重要的工作。

为了调动学生写作的积极性,我在班级开展了"今天我当小作家"活动,该活动不仅深受学生喜爱,而且取得了较好的教学效果。

对此项活动,我提出了十二个字的基本要求,那就是"自主取材、合作修改、探究提高"。 具体过程可分为下面三个环节。

一、自主——"找米下锅"

自主写作是活动的灵魂。从选择题材开始到确定题目、决定体裁、撰写稿件，一律由学生个人自行决定。所以要当好"小作家"，学生必须先认真观察周围事物，选取自己最感兴趣的人或事物作为重点观察、深入分析的对象。这就是所谓的"找米下锅"。这样的"找"法，既培养了学生留心观察周围事物的好习惯，也使每个人都具有一定的写作冲动，其效果是"无话可说"的常见毛病消失了，同时叙述事物也相当真实具体。学生孙思在《拔河》一文中，这样描述他们队的拔河比赛："我们队的陈刚，身子后仰，双手紧握粗绳，手上的青筋都凸出来，脸涨得通红，眼睛眯成一条线，眉毛也紧竖了起来，额前豆大的汗珠一滴接着一滴落下来。排在最后的徐亮同学咬紧牙关，屁股连着绳子往后拽，为了取胜，他干脆转过身子，把绳子系在腰上，使出全身力气向后拉，此时此刻，他脑子里想的恐怕就是一个字——拼。"很难想象，如果不是让她自主选材"找米下锅"，这样的细节恐怕是描述不出来的。

二、合作——"添油加醋"

为了保证"小作家"的作品"质量"，我在完全"自主"撰稿的基础上，要求学生之间相互开展修改上的"合作"，这是活动的关键。"合作"修改，人人参与，是每一篇文章细加工的过程。我把全班学生分成六个学习小组，好中差水平都搭配好，有意识地进行"互帮互教，优势互补"。各个组在"合作"时，必须对每个人的作品进行"添油加醋"，当然，首先要修改习作中的常见错误（如标点的运用是否正确，是否有语句不通顺的现象等），然后再进行内容方面的修改。这就使每个学生既是"合作"时的"老师"，又是"合作"时的学生。这样的"合作"，至少让学生有三项收益。①明白了写作的源头是现实生活。因为他们的文章一经"合作"，便把全方位多层次的生活画面呈现在每一个学生的眼前，拓宽了他们的视野，长了知识。②增强了习作者的自信心，尤其是基础弱的学生，他们的文稿一经"合作"修改完善之后，都可以成为"小作家"的作品，不必为自己作文优劣等次而烦心。③加深了同学间的深情厚谊。"不耻下问""乐于助人"的风格在活动中有了足够的表现,结果是有话写不好的毛病在这个环节里有了改观,每个人写作水平都有了不同层次的提高。如刘刚同学因为写《捶背》一文,开头说他自己在阴雨天放学回家看到妈妈做好饭菜很感动,想帮妈妈做一件事,但是文章最需要重点描写的部分,他却简单地写了句:"这时,妈妈的背又开始疼了,就帮妈妈捶背吧。"小组合作的同学给他提问题了:你妈妈的背为什么疼呢?这"又"是如何解释呢?刘刚同学受到启发,想到他妈妈当时的动作神情,后来这样修改:"忙完一天家务的妈妈屁股一靠板凳,指了指自己的背说:'哎呀,我这背比天气预报还准哪!'我一听,猛地想起了妈妈背受过伤,一遇阴天背就疼的毛病大概又犯了,赶紧走过去对妈妈说:'妈,让我给你捶捶吧!'"这样的"添油加醋",不仅行文流畅,前后过渡自然,母子深情也具体表达了出来。

三、探究——"品味佳肴"

经"合作"修改完善的"作品",我要求学生记入个人习作"档案"。并要求他们记录"合作"时的心得,真实地记录下每人作品的优点和缺点。同时,让他们根据各人习作优点多寡决定本组的代表性"小作家"的"作品",到班级"展示亮相",接受"剖析、品味"。全班再从中推选1—3篇佳作,当作"佳肴"来品味,从而完成对习作的进一步"探究",以利于高层次的提高。

对佳作的"品味",我采取教师、同学之间、学生个人三方面结合的方式进行,有时还邀请一些学生家长一并参加。首先由学生自己品味,然后由同学补充,最后经老师裁定。

一次秋游去灵谷寺,许多学生对那里的树叶很感兴趣。秋游结束后,学生赵蕊写了《秋天的树叶》。在文章开头写道:"秋天的树叶是绚丽多彩的,也是五颜六色的。树叶被秋天的风霜无情地吹打着,有的早早地枯败了,有的变得蜡黄,有的更加火红,还有的依然墨绿如初。"作者个人品味说,我喜爱这树叶,所以用"绚丽多彩"来表达。在我的眼里,枯黄也是一种色彩,何况那红黄绿三色在调和呢?同学们都认为这是一种总分结合的写作段落，确实表达了作者对大自然的热爱，写得好。这样的"品味"基本上使学生群体都尝到了"佳肴"。不过，我没让学生停留在这个认识阶段。我肯定了同学们的基本看法，表扬了他们的成绩，同时请他们继续"探究"，去攀登更高的境界。我说，在不改变原结构、原意的情形下，谁能写得更好些？更上一层楼？经过一番思索写作过程后，我就选出了其中改得较好的段落出示："秋天的树叶是绚丽多姿的。在秋天风霜的吹打下，它变得五颜六色，有的蜡黄，有的火红，有的依然墨绿如初。"我问同学们，这一段比原段好在哪里？经同学们讨论之后，我对他们的讨论做了小结。我说，这一段修改很成功，它让作者对大自然热爱的感情更浓烈，删去"早早枯败了"一句就使文中感情色彩更协调，并有意把五颜六色的树叶归结于大自然的杰作，表现了秋天树叶的风骨，更是令人喜爱。去掉一些词，调换了一下句序，把"五颜六色"放在各色叶子的前面总领，就使句子的总分形式更清晰，逻辑性也更强。这样一改，原段落的两层意思，树叶的多彩气氛和秋天的风霜肃杀就归结到一点：只写秋天树叶的多彩及其风骨，使句意更突出。

这样的品味，是对习作的深层探究，其实也是给小组"合作"做示范，比较符合学生的认识规律。

此外，对这项活动我还采取了评比表彰措施，提出"三看三比"，主要树立小组先进典型。"三看三比"的内容是：看哪个组好作品多，比哪个组合作质量高；看哪个组档案管理好，比哪个组"合作"态度认真；看哪个组内容妙，比哪个组认识高。

通过活动的开展，学生的写作水平大大提高，有好几位学生的作品在《扬子晚报》《语文阅读》等报纸杂志上发表了。

"今天我当小作家"，作为一项提高学生写作能力的教学手段是行之有效的，它符合《新课标》的理念，培养了学生主动探究、团结合作，勇于创新的精神。

第三章

书海寻美

教育是等待的艺术

顾笑颜

读了《孩子,你慢慢来》这本书,我心中久久不能平静,不禁想起了自己女儿学琴的一件事。记得女儿开始学习弹钢琴的时候,我在心里无数遍地对自己说,我不是要培养一个钢琴家,也不是为了那本考级证书,我只是为了帮助她培养一个兴趣,提高一点艺术欣赏能力。可是,当我真正地坐在女儿的身边,看着她反反复复地、磕磕绊绊地弹着一支简单的曲子时,我还是忍不住要蹙眉、低吼,甚至敲击琴键了。我的烦躁、生气左右着女儿的情绪,我感觉到她内心有小小的倔强、不满,却又不敢发泄。

有一天,我坐到女儿的钢琴前,想把那支旋律、指法都已烂熟于我心的曲子弹出来时,却发现,总是不停地出现状况。我这才知道,女儿能在短短的时间内弹成那样,已是不易了。因为有了亲身体验,我开始理解女儿。现在每次她弹琴的时候,我都坐在旁边耐心地等待她一遍比一遍弹得熟练,一遍比一遍弹得流畅,有时还夸张地表扬她几句。得到鼓励的女儿越发自信,整个人似乎都放出了光彩。

我想:园丁把对花儿的爱蕴含于等待之中——俯身丛中,浇水松土,精心呵护,所以才能收获万紫千红、争奇斗艳;果农把对果树的爱浸透于等待之中——穿梭林间,剪枝施肥,悉心照管,所以才能换来满园飘香、果实累累。植物尚且需要等待,需要成长的时间与空间,更何况我们的孩子们呢?

等待是什么?

等待是一种期待。

我们之所以去等待,是因为我们期待着学生能够成功,盼望着分享那份成功的喜悦。等待是教师对学生的一种期望和信赖。这种期望和信赖对学生们来说是一种动力。当有人站在身后,准备为其喝彩时,他一定会把脚步跨得更远。据说有一次,特级教师于永正在公开教学《新型玻璃》的过程中,想请一位学生读课文的第一自然段,没想到请了一位"学困生",结果这位学生一连读了七遍都没有读正确。这位学生很着急,几乎对自己失去了信心,想坐下。正在这时,于老师抚摸着她的头,让她深吸一口气,把要读的这段话在心中默读一遍,然后鼓励她说:"第八次准能读正确。"果然,这位学生在经历了第八次之后,把课文读得既正确又流利。

等待是一种尊重。

当我们从心理上真正把孩子当成一个独立的个体,当成一个会思考、有想法的人时,那么,无论孩子犯了多大的错误我们都会先耐着性子听完他的解释,然后再对他进行引导,进行教育。

三年前,我教一年级语文。一节写字课上,我把《语文伴你成长》发下去,准备报生字给学生写。同学们已经按照我的要求把本子翻到了第29页,只有小杰一个人还在翻前翻后,不知道在忙什么。因为写字课只有20分钟,所以每次要想完成任务都显得有些紧张,不能耽搁一点儿。可他这会儿却连第29页都找不到,真是……我有些生气。但是我没动声色,说:"第一个字是——"我故意拖长声音,意思就是提醒他,我要开始报字了,你动作迅速点儿。可他似乎翻着一本几百页的本子似的,还在前后不停地翻着,还没有找到第29页。我已经很生气了。但我知道,我不能生气,更不能借题发挥,因为时间有限,不能浪费所有学生的时间。于是我耐着性子,尽量压低声音,温柔地问:"小杰,你翻到哪一页了?""我翻到第33页了,哪有什么29页啊?"他一脸无辜地看着我。我依然保持着平静而温柔的声音说:"那你从33页依次往前翻,肯定能找到第29页。"周围的同学已经有些不耐烦了,有几个甚至跃跃欲试,要去帮助他,但被我的眼神制止住了。我心里在想:我就不信你翻不到第29页。小杰在我的提示下,把本子向前翻了几页,然后微笑着对我说:"没有啊!前面就是第28页了!"说完,还把本子拉起来给我看,以证实自己的话是对的。

突然,我的脑海里闪过一个信息:对了,29—32这几页正巧在作业本的正中间,昨天我改作业的时候就看到几个同学这两张纸已经掉下来了,我还帮他们用透明胶带粘上去了呢!小杰的这几页肯定是掉到哪里去了。于是,我把这个想法告诉了同学们。有几个孩子赶紧附和:"是的,我刚才还看到有一张纸掉在地上的。"我说:"大家快看看小杰的纸是不是掉在哪里了?"大家都低头寻找起来。这时,小暄叫了起来:"顾老师,在我这里。"我走过去一看,可不是!怎么被粘在小暄的本子上了?小暄把本子往后翻了几页,我看到小暄的本子上有两个29—32页。我恍然大悟了:昨天小杰交本子的时候和小暄的放在一起,我误以为这几页是小暄本子上掉下来的,也没仔细看,就粘了上去。

"好了,找到了就好!"我借来剪刀,把作业纸从小暄的本子上裁下来,然后递给小杰,"先做吧,回头我再给你粘上。"教室里就此恢复了平静。我开始报字,同学们也埋头静静地写字,似乎什么事情也没有发生。

事后我非常庆幸,庆幸当时我克制住了自己,没有立即责怪小杰动作慢耽搁大家,而是提醒他该如何做;当我发现他还是没有做好时,我给了他为自己解释的机会。正是因为我多等待了他一分钟,所以他避免遭受了一次"不白之冤"。

当然,等待不仅仅如此,它还是一种关注、一种信任、一种信心。虽然有的时候我们等待了,期望了,结果也许会让人失望,但是在整个等待的过程中,会让孩子充分感受到老师的真诚和关爱。我还是愿意多一些等待,多给学生一些时间,让他们随时感受到来自老师的温暖,从而更喜欢学校,更喜欢学习。

陶行知提醒我们:"你的冷眼中有牛顿,你的漠然中有爱因斯坦,你的嘲笑中有法布尔,你的讽刺中有莫扎特……"

"十年树木,百年树人",从今天开始,让我们一起记住:教育,是慢的艺术;教育,是等待的艺术。

《相约星期二》读后感（片段）

刘　滢

有一个人，他用行动告诉我们：生命的价值和意义就是施爱于人和被需要。这个人就是莫里·施瓦茨，一位退休的社会学教授，一位热爱生命的老人。

他是那么热爱生命，可是却一下子被扔到了死神面前。他所患的病就如同点燃蜡烛的火苗，不断融化他的神经。从无法站立到无法坐直，再到只能通过插在喉部的一根管子呼吸，到最后，他会窒息而死。这个过程不会超过两年。

在被迫面对这样的命运时，莫里决定把死亡作为他最后一门课程。这门课程有十四节，每周二一次，最后一课是葬礼。他无愧于他墓碑上的铭文："一个终生的教师。"

很多人忙忙碌碌，追求着更多的关注、更多的赞美、更多的金钱、更高的职位、更大的房子、更好的车子……如果没有得到，他们会痛苦；得到之后，他们往往还是会感到不满足，于是继续奔忙。用莫里的话说，他们不明白自己弄错了方向。

　　从我工作到现在还不足三年,我的积蓄也不算多,但是我觉得我从中获得的满足是无法衡量的,我拥有一笔我自认为会让某些所谓富人羡慕的"财富"。

　　当我的"孩子们"第一次微笑着主动向我打招呼的时候,当他们认认真真询问我字写得好不好看的时候,当他们兴高采烈跟着我朗读的时候,当他们努力取得进步的时候,当他们做得出色期待着我夸奖的时候,当他们在我经过他们身边时一个个伸出手来想要拉我的手和我做更亲密的接触的时候,当他们喜滋滋地把自己亲手做的小纸花、亲手画的稚嫩的画很郑重地送给我的时候,当他们下课时一个个像小猴儿一样挂在我身上的时候,当他们踮起脚尖轻轻吻我脸颊的时候,当他们笑嘻嘻地称呼我"妈妈"或"教练"的时候,我感到无比满足。

用经典音乐作品润泽孩子们的心灵
——读《和孩子们聊音乐》有感

孙雪莲

《和孩子们聊音乐》一书区别于我以往读过的音乐方面的教育书,它涉及跟音乐有关的方方面面,思想很高尚,文字具有启发性,又有具体事例给人以指导。让我对学习音乐的态度、实践音乐的深度都上升了一个高度,指引着我往音乐更深处去思考。书中大量章节,都在向我们传递着聆听经典音乐作品的重要性。

"经典作品并不仅是为了悦耳而存在的,它们可能是某颗心灵的独白。那些严肃的、有思想内涵的东西总是不那么轻松的,它并不只为了娱乐而存在,而它的美也不是轻易就能欣赏得到的。""由于我们接触到的、熟悉的古典音乐太少了,少到还不足以做出相关的比较和选择,无法领略经典的魅力,以至视而不见、听而不闻。所以,我们要抓住一切时机去聆听经典,补充自己的知识库,增加自己的音乐素养。"

对于文中的这些观点,我是特别赞成的。反观现在,从《江南style》的风靡到《小苹果》的全民皆欢,你不得不感慨浮华的、搞笑的、轻飘的反倒是最火的,而高尚的、纯净的、典雅的反而不入流。为什么会出现这种反差呢？我认为,一方面是因为社会的浮躁和生活的压力,人们需要一种宣泄；另一方面则是因为全民的音乐素养不高。

所以,作为教育工作者来说,我觉得我们有必要在我们的音乐课堂上普及经典音乐,用经典音乐作品润泽孩子们的心灵。

一、借助形象的表达,让孩子们听得懂经典音乐

音乐具有"有声无形"的特点,怎样和孩子们聊音乐,又能有一定的启发呢？那聊出来的语言就一定要浅显易懂、生动有趣；举出的事例就一定要贴近生活、寓教于乐。

1. 多用"像、就像是、好像"这样的语言来打比方

由于本书是入门引导性的读物,在认知、价值观、方向上又要立意高远、中正不偏,这就需要用最轻松、简单的语言讲述最枯燥深奥的道理。所以,在书中,经常看到作者用许多形象的比喻,让看不见摸不着的音乐,一下子就立体起来。

例如,在介绍经典合唱歌曲——声部和谐问题上,作者是这样说的:"伴奏声部使人联想到藏在草丛和叶子中的鲜花。它们虽然被掩盖了,但也十分美丽,因为阳光找到了它们,使它们开放。"这样的描述就比死板地告诉孩子们,"伴奏声部也一样重要,没有它们的支撑,也就没有所谓的和声",更具有直观性和艺术性。

在专业性强一些的社团、校队中,这样比较专业的术语出现的频率较多,如果授课教师能用书中这样的方式去打比方,用简单易懂的比喻去拉近和孩子们的距离,定会排除他们对音乐的距离感和畏惧感。

在教学中,我也在努力地尝试用这样的语言来打比方,在教"切分音"这个令师生比较头疼的难点时,我想到了孩子们都爱吃的大苹果,用一个图片,巧妙地将一个苹果、半个苹果和四分音符、八分音符的时值进行了类比。孩子看到中间的大苹果,再看到两边被切一半的苹果,瞬间理解"切

分"的字面含义,通过体验,感受到看到"大苹果"时这个音要唱重一些,看到"半个苹果"时这个音就可以唱轻一些,切分音的强弱规律也就找到了。

2. 多用音乐游戏这样的身体律动来感受音乐

书中,在讲解到体验音乐这一章节中,提出"纯粹的书本知识就像木头做的腿或者蜡做的鼻子,并不属于我们。亲自去体验,由此得到的知识才是你自己的"。号召大家尽可能地多尝试,多实践,用身体记忆去进行更高一层次的创造。

在我们平时的音乐教学中,教材大纲里就明确指出,每单元要有不低于20%的时间进行律动课程的安排,这其实也跟此书观点一样,实践出真知。对于孩子们来说,最好的实践莫过于自己去进行律动表演。

比如,在学习莫扎特《小星星变奏曲》时,需要学生通过聆听音乐,感知音符时值长短的变化。在这个理念的指引下,我一边出示音符卡片,一边打着比方,"全音符就是一个空心的圆,就是音乐爷爷,因为爷爷走路慢,所以这个音符唱四拍;当它变成实心时,就会伸出脚来走路,这样走路就快多啦,于是变成了音乐爸爸,唱一拍;当他的脚上安了一块滑板时,走路就更快啦,变成了音乐宝宝,此时的音符我们唱半拍"。生动化形象的比喻后,孩子们在接下来的欣赏律动中,通过模仿人物行走快慢,将感受到的音值长短进行了即兴表演。当节奏变慢的时候,孩子们就会模仿老爷爷在慢慢地行走;当旋律比较有节奏感时,孩子们踏着整齐步伐在行进;当节奏欢快活泼的时候,孩子们又化身成一个个调皮的宝宝在欢蹦乱跳。就这样的一个小比喻,就这样的一场小律动,孩子们用身体语言来将输入的音乐知识表达出来,在游戏中建立起节奏变化的初步感知,在节奏切换的时候能够自然转换,从而培养内心节奏感。

由此可见,生动形象的比喻对于学习音乐的孩子们来说,特别地重要,只有理解了,才会觉得有趣,才能亲近音乐,从而爱上音乐。

二、多聆听经典，让经典音乐作品常伴身边

1. 告诉孩子们哪些是经典，并且可以在不同时期拿出来反复欣赏、聆听。比如，在我教学的生涯中，到了学期末，我都会带孩子们欣赏优秀经典的音乐剧，如《音乐之声》《彼得与狼》《猫》《放牛班的春天》《钢的琴》等，这些经久不衰、每次演出都博得满堂彩的经典作品，百看不厌。有一次一个六年级的孩子在楼梯口遇见我，把捏在手心里很久的剪裁下来的豆腐块报纸展开告诉我，这是我在她四年级的时候介绍推荐的音乐剧，马上就要来南京演出了，她一定要去看。当时，我特别感动，我感到我播撒的经典种子已经悄然在她心中萌芽，也感觉到了孩子们渴望经典熏陶的那分心。

2. 通过介绍艺术家的小故事，告诉孩子们这些伟大作品产生背后的故事，从而拉近和经典音乐的距离，产生共鸣，能更好地理解作品。

在贝多芬平时的书信中，他年轻时就用铅笔记下了后来成为《第九交响曲》的思想素材。而他的《摇篮曲》，则是在他穷困潦倒时，靠谱写的《摇篮曲》手稿得来了一顿饱餐。在这个音乐中，我们感受不到他当时绝望无助的心情，反而被温暖、恬静的旋律和浓浓的爱包围着，也更加敬佩作者高尚的人格魅力和对音乐挚爱的精神。

中国新文化运动的先驱李叔同先生，在日本留学期间就饱读诗书，将中国民族古诗文和西方传统歌谣有机地结合在一起，才谱写出了韵味深远的歌曲《送别》。

这些经典之所以成为经典，是因为背后凝聚了作者多年的心血和毕生的才能，是经得起反复聆听和推敲的。这些作品背后的故事，就像一棵树的根一样，虽然表面你看不到它，但是正是因为这样的根的存在，才更好地给枝繁叶茂的树输送养分，哺育滋养着它，让大树长青不老。所以，在每一次授课的时候，但凡涉及这些经典歌曲、乐曲的时候，我都会和孩子们说一说经典作品背后的故事，希望能帮助他们更好地理解作品，更好地理解作者除了作品之外传递的另一份精神品质。

3. 在传统节日里，在各种小范围演出、大型演出活动中，多多排练演绎经典作品，通过一次次的学习、练习，让经典的种子播撒在学生的心中，传播给更多人。

学校的活动很多，活动的传播力度和影响力很大，借助这样的平台传播经典，是一个非常好的契机。比如，中秋节，可以教孩子们演唱《爷爷为我打月饼》的经典红歌；春节，可以带孩子们聆听《春节序曲》《步步高》《金蛇狂舞》《喜洋洋》等热闹的中国民乐；国庆节，可以演唱歌颂祖国的经典儿童歌曲，如《少年，少年，祖国的春天》《祖国，祖国，我们爱你》《国旗国旗真美丽》《歌唱祖国》《红领巾飘起来》；六一儿童节，可以借助孩子们自己的节日，排练属于孩子们自己的歌曲，如《快乐的节日》《歌声与微笑》《灿烂阳光下》等等。

三、触类旁通，发挥经典音乐最大的能量

艺术是触类旁通、相互关联的。要塑造一个能够欣赏音乐的灵魂并不能仅限于"音乐"，更不可能仅限于某种技法，而是要同时培养能滋养美德的人格沃土，才能真的使"音乐"的种子生根发芽，绽放光华，从而变成一个健全的人、一个品德高尚的人。

在我们的音乐课堂上，受时间和课程安排的限制，我们做不到让每一节课都能与其他学科大融合，但是，我们可以抓住每一节课学习的契机，让我们的音乐发挥最大的能量，利用好每一次拓展的时机，激发学生更多的学习欲望和探究的心。

在学习民族民间音乐的时候，我努力地将本民族的风土人情、文化背景做一个交代，便于学生更好地理解民歌的意义。比如教授彝族歌曲《阿西里西》的时候，我将"彝"这个字进行了笔画的拆分，通过彝族人的帽子、彝族的屋顶是平的、彝族人爱吃米面食物、彝族支系很多、彝族人住竹楼这些信息进行介绍，孩子们不仅记住了这个难写的"彝"字，还对彝族这样多元文化的少数民族有了一定的了解。

在学习外国经典歌曲的时候,带孩子们学一学、跳一跳他们的舞步,感受国外人热情奔放的性格和音乐元素,这也是一种文化的延伸。比如跳一跳波尔卡舞、踢踏舞、芭蕾舞等,通过变化的舞步,体验感受旋律进行中蕴含的美,理解音乐表达的不同形象。

用经典润泽孩子的心灵,为他们的成长奠定基石。在这条路上,我们任重而道远。

教育的力量

杨艳婷

老师,这是一个多么神圣的职业。当一名好老师,这又是一件需要花费毕生的精力去追求的事业。《第五十六号教室的奇迹》这本书,处处都体现出雷夫作为老师的信念。他用一年的时间改变了学生,也给自己创造了奇迹。我想,这样的奇迹需要有一种力量帮助我们,这就是教育的力量。寻求这种力量,运用这种力量,在帮助别人的同时也在帮助自己的人,就是老师。

一、教育需要信任

书中的雷夫老师对孩子的信任取代了他们的恐惧,不是因为拥有了什么,而是因为缺乏了某样东西——这里没有害怕。雷夫老师成为孩子可以信赖的依靠,能公平对待每个孩子,并且成为他们的榜样。只有爱孩子的人,才可以教育好孩子。

老师爱学生，对学生的信任，是会给孩子带来力量的。当我刚接手新的三年级，班上有一个孩子——小刘同学，他平时不太能按老师的指令做事，常常会我行我素，不顾别人的感受，班里的孩子都不太喜欢跟他玩，在大家眼中，他似乎是个不太受欢迎的人。而他自己也很少和同学一起玩，下课了，要么站在窗口发发呆，要么就在走廊上晃悠。每每看到这样的情况，我就常常会找借口和他说几句话，聊会天。慢慢地我发现下课了，他愿意主动靠近我，看到我和别的学生说话，他也会凑在一旁听着。当看到他这学期早上从来都不迟到了，我当众表扬，还利用班主任中午小结时间调动孩子们相互夸一夸，发现他身上的闪光点。当看到他每天中午能坚持认真抄写作业时，我也及时表扬。慢慢地，我发现他脸上的笑容变多了，愿意和他一起玩的孩子也多了。

小刘同学的计算能力很强，每次口算考试都是100分，于是我就和班主任老师商量，平时家校本上，孩子每周都会统计自己的得章总数，何不把这个核查的任务交给小刘同学去做。果然，小刘同学很用心，每次核查时都特别认真，一下课就主动找老师去核查得章数。看得出来他很珍惜这样的机会，老师对他的信任也让他变得更积极主动。

其实，孩子的心地是最纯真、最善良的，只要你真心实意地去关爱孩子，信任孩子，他们就一定能感受到你的真诚，克服恐惧，不仅回报给你同样的爱，也会更加信赖你。我们身边的每一个孩子都有成为好孩子的愿望，不管他们平时的表现如何，即使他们有些小缺点，成为一个好孩子的愿望会始终在他们心中。作为老师更要相信他们、鼓励他们，给他们提供表达自己真实想法的机会，从他们的角度出发来想问题，从而增强他们的自信心。只有赢得了孩子的信任，我们才能成为他们心目中的那个大朋友，和他们快乐地相处，孩子才会朝着你希望的那个方向发展。

二、教育需要关注细节

要想成为一名孩子心目中的好老师，还需要我们去关注细节。我们平时的一举一动，其实孩子们都是非常关注的。你一个期盼的眼神，一个亲切的抚摸，或是一句关心的话语，这些细小的事情，在孩子心中都有可能引起一阵波澜。我们的孩子是那么在乎老师对他的关注，只要你舍得付出，真诚地把他们当作自己的孩子，他们也一定能感受到你的爱。同样，孩子们也会用他们的行动回报你的关爱。也许那个小调皮再上你的课时，就不再总是摆弄手中的笔或尺子，而是端坐在那聆听你讲课了；也许他作业中的错误就会少一些，字也会写得更工整些了。这些细小的变化，正是教育的力量，也足以让你感到幸福。

我们常常会遇见这样的情况：在一个班里，总有那么几个学生与大多数学生相比，在一些事情上表现出与众不同，需要老师加以特殊的关注。

一名根雕艺术家如果拿到一个树根，首先看到的是它的优点，它的外形有哪些构造特点，适合做出什么样的形状。同样，作为老师在看待学生时，也要善于发现他们身上的优点。世界上不是缺少美，而是缺少发现，缺少欣赏的眼光。如果我们能以开放的心态走进孩子的内心世界，那我们就会像勘探工人一样采得真矿，发现孩子身上的闪光点。正是这些细节可以拉近你和孩子之间的距离，让孩子愿意亲近你。

三年级由于没有了田字格的约束，小李同学的书写很成问题，字的大小控制不好，字也写得东倒西歪。看到这种情况，我也经常提醒他要认真书写，但是成效不大。有一天改作业时，我偶然发现他的家庭作业中有几个字书写较认真，可是作业中还有写错字的地方。如果按照平时打等第的标准，他的这次作业只能得"优-"。这样的话，他认真书写的那几个字肯定也因为有错误而得不到应有的肯定。于是我就给他写得好的几个字打了颗星。作业本发下去时，我发现他盯着自己的作业本，脸上微微露出笑容。可能是发现我在关注他，他又不好意思地低下了头。于是，我就走到他面前，微微弯下腰，对他说："老师觉得你这次书写有几个字写得认真，大小正合适，能从横条线的三分之二处起笔写。我想跟你有个约定，好吗？"他的眼睛一亮，我继续说道："以后你的作业老师给你打两个等第，一个是书写的，一个是正确率的。如果都能得到星，就都能加到章，你愿意吗？"他听了,很肯定地点点头。

慢慢地我发现,他像是变了个人,课堂上主动举手发言的次数增多了,作业本上的字也变得工整多了。尽管他身上还有一些缺点需要去改,但看到他在一点点进步、一点点努力,我也感到很宽慰了。

夏丏尊说:"教育上的水是什么? 就是情,就是爱。教育没有了爱,就成了无水之池,任你四方也罢,圆形也罢,总逃不了一个空虚。"只要你爱孩子,信任他,关注他,这颗种子就会在他们心中生根、发芽,你播种了爱,就会收获爱的果实。

对于我们一名普普通通的老师来说,也许不能在短时间内创造什么奇迹,但是如果我们能坚守信念,用信任和关注为自己和学生撑起一方小天地,那么就一定会在成为一名好老师这条道路上越走越顺畅,就可以用教育的力量为自己的人生描画出一幅灿烂的图景。

沐浴书香　快乐成长
——读《第56号教室的奇迹》有感

徐　悦

第一眼看到这本书,我就被"奇迹"二字吸引了,这间教室里究竟发生了什么奇迹?再看副标题——让孩子变成爱学习的天使。什么样的孩子是"天使"?如何让孩子爱上学习?怎样的老师才有这样的魔力?带着这些问题,我翻开了这本书,开启了一次真正的心灵之旅。

通过阅读,我看到了一位平凡而又伟大的老师——雷夫·艾斯奎斯,他用自己对学生、对教育的热爱,用自己的智慧,帮助一批又一批学生学会学习、爱上学习。他用鲜活的事例告诉我,知识本身就是给孩子最好的奖赏,阅读就是奠定学习生活的基石,培养孩子终身阅读的习惯,让他们沐浴书香,使他们受用一生。

现代社会,信息科技迅猛发展,越来越先进的电子产品占据了孩子们的闲暇时光,使他们能毫不费力地获取无奇不有的知识。相对而言,阅读书籍就显得辛苦、乏味了,能够安静地坐下、潜心阅读的孩子变少了。如何在这样大环境下,让孩子乐于阅读,爱上书本呢?

首先，选择适合他们阅读的书籍，让他们喜欢上阅读。

阅读不是仅仅为了让孩子的成绩册上的分数显示自己的进步，而是让他们发自内心的、真正喜欢上阅读，养成终生阅读的习惯。我们要选择符合他们阅读年龄的书籍，选择能吸引他们的阅读内容，在此基础上，再推荐更多的读物。

孩子们在课堂上学习了《丑小鸭》这篇童话故事。学习过程中，他们跟着故事中的丑小鸭一起快乐，一起难过，一起成长，表现出对童话故事浓厚的兴趣。那么，我就趁着这种阅读的热度，推荐了几本适合他们阅读的童话，如《爱丽丝梦游仙境》《格列弗游记》《水孩子》《尼尔斯骑鹅旅行记》等，这些书都受到了孩子们的欢迎。

三年级有这样一篇课文——《意大利的爱国少年》，这篇课文选自亚米契斯的《爱的教育》这本书。由于课文是节选，收录进教材时又做了修改，因此学完文章后，我就顺势向他们推荐了《爱的教育》这本书。通过阅读，他们看到了一个10岁男孩的成长经历，读到了一个又一个感人的故事，感受到了朋友之间的爱、亲人之间的爱以及对民族对国家的爱。

在学习了《装满昆虫的口袋》一课后，孩子们被法布尔对昆虫的迷恋所感染，纷纷希望也来好好看看那些可爱的小昆虫，我就推荐他们阅读《昆虫记》，让他们再次感受法布尔对昆虫的喜爱，感受他在描写昆虫时的细致与生动，感受昆虫世界的奇妙。

学习了《林中乐队》，看到了春天的森林那生机勃勃的景象，听到了林中动物们的演奏，我推荐他们阅读《森林报》系列。通过阅读不同形式、内容的文学作品，孩子们会用不同的眼光看世界，敞开心扉接受各种观念，踏上更远更宽广的大道远行。

为了能给学生推荐更多的好书，我们首先应该阅读不同种类的图书；为了更好地了解学生的阅读需求，我们应该走进学生的世界，倾听他们的心声，从而挑选出适合他们阅读的好书。

其次，阅读也应该因材施教。

每个孩子的阅读能力和理解能力是不同的，阅读量不能一概而论，要根据孩子的情况进行相应的调整。在阅读《我要做好孩子》这本书时，我们同时推荐了黄蓓佳写的其他书，作为拓展阅读。班里阅读能力强、阅读速度快的孩子就能读个过瘾；但对于一些阅读速度稍慢，理解能力弱些的孩子，他们可以在阅读完必读书目后再选读其中一本；而对于一些阅读速度慢、理解能力弱的孩子，则只要在规定时间内将必读书目读完即可。这样分层要求、分级对待，既能让有能力的孩子吃得饱，又可以让阅读能力较弱的学生保证阅读质量，让每个孩子都能享受到阅读带来的快乐。

再次，读后要有交流，及时分享阅读心得，在交流中引发阅读思考。

在阅读一本好书之后，如果仅仅是读完了、读过了，摘抄完毕了，心得写好了，那么阅读还没到位。阅读后的交流才是最宝贵的。在阅读完《不老泉》后，我们就"如果真的有不老泉，你是否会喝？"这个话题展开讨论，并组织了一场小规模的辩论赛。正方、反方的孩子，进行了激烈的辩论，在简单阐述自己观点的同时，我也引导孩子就对方观点中的问题进行辩驳。最终，学生们通过辩论，更加深刻地体会到生命的可贵与美丽。

在阅读完《宝葫芦的秘密》后，我组织学生欣赏了电影版的片段，并就电影内容和书籍内容进行了比较。学生发现，《宝葫芦的秘密》这部电影很有趣，里面的电脑特技很酷炫，适合消遣，但书里的内容更丰富，而且内心活动、环境描写更加具体，想象空间更加开阔，适合培养想象力，所以孩子们更乐意阅读厚厚的书，在文字的花园里徜徉、采撷。

在这样一个小小的阅读交流会中，孩子们已经潜移默化地受到了语言熏陶，并且将自己的观点和书中的主题进行整合，学会了借鉴，提高了自己认识问题的能力。另外，读书交流，可以让孩子获得更多不同读者心中的想法，也是对作品有了多角度的理解。这样的阅读怎能不让孩子们受益呢？

我一直记得，雷夫在书中说过的一句话：我们最终必须用孩子们在发自内心的阅读时发出多少笑声和流下多少泪水来衡量他们的阅读能力，而不是用他们学会了多少字、看了多少本书来衡量孩子的阅读成果，真正的是要让孩子在阅读中获得的快乐。希望我和孩子们都能终身阅读，为人生而读。

拓展教材界限,唤醒学习热情
——读陈丹青《退步集续编》有感

刘 滢

陈丹青在《退步集续编》中的《写在意大利文艺复兴作品展来华前夕》一篇里说:"假如我们真要认识什么是文艺复兴,应该同时引进部分中世纪艺术,最理想的状况是,引进部分拜占庭艺术和古希腊艺术,这时,你才能懂得什么叫作'人文主义',明白文艺复兴何以是文艺复兴。"对于他这个说法,我深有体会。

记得以前在中学学世界历史的时候,古代史内容很少,主要是从"文艺复兴"开始学的。很多内容我不理解它为什么重要,为什么被西方人推崇。比如,文艺复兴"美术三杰"达·芬奇、米开朗琪罗、拉斐尔的作品到底和人文主义精神之间有多大关系呢?蒙娜丽莎的画像几乎是西方油画里最负盛名的作品,但它不过是画得很写实,美在哪里呢?对于历史这门学科的热情大家都是越学越淡,甚至觉得厌恶。

教育家斯宾塞说过:"硬塞知识的办法经常引起人对书籍的厌恶,这样就无法使人得到合理的教育所培养的那种自学能力,反而会使这种能力不断地退步。"

上大学的时候,我买到一本《中世纪及文艺复兴早期经典作品集》。其中有相当一部分画作就是陈丹青所说的中世纪拜占庭艺术。

看着人体比例不协调、四肢如芦柴棒、眼神呆滞、动作僵硬重复、几乎千人一面的中世纪画作,看着千篇一律的天主教主题和画面上永远裹得严严实实的死板的"圣人""天使",我才真真切切感受到达·芬奇的高超之处,意识到什么是"人文主义的复兴"。

对比一下就能发现,中世纪画作所要表现的是"神性",它通过禁止文艺作品表现人的个性和美来禁锢人们的思想,遏制人们的各种渴求,不允许写实,更不允许创造。古希腊、古罗马那种彻底表现人类之美和人类智慧的写实艺术是它所反对的。而文艺复兴,使人们开始重新恢复了对人性之美的追求。写实,描绘生活中的普通人,就是思想上的反抗和颠覆。人类打破了中世纪的藩篱,开始探索世界、探索自身,赞美世界、赞美自己。

这场跨越了几百年的思想文化运动,核心是"人文主义"精神,即以人为中心而不是以上帝为中心,肯定人的价值和尊严,主张人生的目的是追求现实生活中的幸福。

回想我们的历史课本和历史课,教材没有足够篇幅容纳中世纪历史及文化的章节,如果老师能在课堂上有意识地拓展一下中世纪的文艺作品及相关知识,我们这些学生一定会深刻感受到人文主义精神的含义,感受到那些文艺复兴时期的思想家、艺术家、科学家冲破桎梏、解放思想的精神和行动是多么伟大。也许我们就会因此主动去进一步了解文艺复兴的相关知识,去欣赏那些经典作品。它对于我们的价值也就不仅仅停留在考试上,而是让我们真正能理解那些枯燥的概念,拓展我们思想的广度和深度。

作为教师,应该有意识地去补充一些知识,让孩子真正理解教材,对所学的学科感兴趣,激发孩子对该学科的热情。我们不应该让自己被课本框住,要不断充实自己,然后充实课本,充实课堂,充实孩子的心灵。

在我自己教授四年级语文课文《七子之歌》时,也遇到了类似的情况。课本选取了闻一多的著名组诗《七子之歌》中的两首——《香港》和《澳门》。如果仅仅按考试的要求，只需要会默写课文，并且简单理解其中一些语句的意思就好。但是如果这样教，仅仅就诗论诗，和学生简单讲讲教参上说的背景知识，讨论一下诗的意思就让学生记录正确答案，孩子对这一课是不会有什么感觉的，他们不会觉得这样的现代诗是美的，是打动人心的。况且无论鸦片战争还是闻一多所处的时代都离他们太远，他们不太能够感同身受，对于诗中澳门的外国称呼和诗人的一些比喻，还觉得好笑。在考完之后不久，他们甚至可能会连诗的内容也忘得差不多了。

我理解教材编写者把这两首诗选进来的意思，"前事不忘，后事之师"，过去的耻辱，会成为新一代努力学习、努力工作、振兴中华的动力。思想感情是文学创作的本源，在理解作者情感的基础上，孩子才能把诗读好，感受到作者的一系列比喻所凝聚的深刻情感，才能真正体会充分表达内心思想感情的现代诗歌的魅力，才不会觉得现代诗是枯燥无味的，才不会因为无知而发笑。

我去搜集了从《南京条约》到《辛丑条约》的一系列数据，精挑细选，然后作为课文背景知识的补充和孩子一起探讨。关于《南京条约》，孩子们读到清政府向英国侵略者赔款2100万银元，其中600万银元赔偿虎门销烟中被焚鸦片，1200万银元赔偿他们英国的军费，300万银元偿还鸦片商人的损失。他们还读到割香港岛给英国，我们自己的进出口关税不能自主决定，中国的司法主权也开始受到侵害。关于《辛丑条约》，孩子们知道了中国要赔偿八国侵略者本息共9.8亿两白银，被划为使馆界的北京东交民巷，允许各国驻兵保护，却不准中国人在界内居住，清政府还要保证严禁人民参加抗击外国侵略者的运动，拆毁天津大沽口到北京沿线设防的炮台，允许列强派兵驻扎北京到山海关铁路沿线要地。

看着这些数据，孩子在读这两首诗的时候，态度大不一样。没有人再觉得好笑，觉得闻一多是无病呻吟。孩子们用充满感情的声音去朗读，你可以在里面听到愤怒和渴望。在讨论诗歌中词句的含义时，也不需要我多说些什么，他们就能够理解透彻。后来，当我让孩子仿照闻一多的写法续写一段告慰他的诗的时候，他们都觉得有话可写，写出来的效果也很好。

我想,以后看到同类诗歌或相关文学作品,他们一定会严肃对待,一定能够理解其中的思想感情。而且他们也明白了,在学习某个文学作品时,要去有针对性地查找相关资料来帮助自己理解。再后来,他们还会愉快地跟我聊起自己看到的相关历史或文学作品。

教科书不过是辅助我们系统传授知识的工具,我们不能因为教科书只写了那么多,考试只考那么多,就只教那么多。德国教育家第斯多惠说:"教学的艺术不在于传授本领,而在善于激励、唤醒和鼓舞。"我们教给孩子的书本知识只是他们一生要学习的知识的很小一部分,我们最重要的任务,是唤醒孩子对于我们所教的这门学科和其他相关学科的学习热情,让他们怀抱这种热情主动探索新知,举一反三,而不是把一门很有魅力的学科教到让孩子厌恶。

当然,要做到这一点,需要我们教师自己主动去读更多的好书,甚至跳出自己的学科,和相关学科融会贯通,首先让自己的视野更开阔,思想更深邃。这样,我们才能带领孩子在学好课本知识的基础上,看到更广阔的世界,对于求知永远充满热情。

从人文角度看科普
——读《给孩子的生命简史》有感

侯 婧

在《给孩子的生命简史》这本书的前言《致年轻的朋友们》中,作者写道:"科学同样具有文艺的一面,即想象力与诗性,而文学艺术也需要逻辑与推理。"在封面内页中,也引用了作者的一段话:"我们应不负斯诺勋爵的期许,如果将来从事科学事业,也应该能背诵一些莎士比亚、李杜的文章;若是将来当人文学者或文艺家,也能够了解一点量子力学与生物进化论。说实话,这也是我写这本小书的初衷。"

我是一个中文系毕业的语文老师,但同时也是一个科普爱好者。各种科普节目、纪录片和书籍,我都很喜欢。因此,最近学校推荐了《给孩子的生命简史》这本科普书,我便第一时间进行了阅读。对于作者提出的上述写作理念,我深以为然。科学与文学之间,科技与人文之间,并不像许多人认为的那样,有着不可逾越的鸿沟。

不过,由于专业领域不同,我读科普,最关注的并非科学知识本身,而是其中渗透出的思想精神和人文关怀。

读科普，我们可以学习科学精神。我一直在喜马拉雅听一个叫《科学有故事》的科普节目，这个节目每期开始时必讲一句话，"比起科学故事来，更重要的是科学精神"。科学精神有着许多内涵，比如实事求是的实证精神；比如开拓进取、精益求精的奋进精神；比如倡导科学无国界的开放精神；比如主张自由探索、不迷信权威的独立精神；比如提倡怀疑、批判，不断发展、自我更新的创新精神等等。这些精神在许多学科甚至在日常生活中都是适用的。想想在2020年的疫情中，不仅谣言满天飞，而且相信谣言的人也并不在少数，国内外掀起了一阵又一阵抢购双黄连、厕纸等的风潮，这正是缺乏科学知识，尤其是缺乏科学精神的一个佐证。因此，向普通大众宣传科学知识和科学精神十分必要且迫切，学校作为教育机构，更应该是第一阵地。而科普读物正是最佳的媒介之一，在书中，这些精神品质是通过科学史上的一个个人物、一个个实验、一个个故事传递给读者的。比如该书所介绍的核心人物达尔文，他所生活的时代人们普遍信仰宗教，认同上帝创造万物的说法，进化论的提出与这种说法有明显的冲突，可以说是大逆不道的。而达尔文本人其实在随贝格尔号进行环球科考之前，也是相信神创论的，但他更尊重亲眼所见、亲身调查得来的事实，从自己的怀疑出发，搜集了大量的证据，最终发表了改变世界的理论，引发了深刻的思想革命。在书中读到作者用生动的笔触写出的这一事迹，令人不能不油然而生钦佩之情。相信小读者们读过之后，也一定有人会受到鼓舞，成为科学精神的追随者。

读科普，我们可以体会科学之美。我们学校的数学思维课里，专门有一部分叫作"数学美欣赏"，数学的美和我们通常理解的"长得好看""画得漂亮"既有联系，又有区别。除了"黄金分割"等定律在实际生活中给人带来的视觉、听觉美感之外，它更是一种简洁的、严谨的秩序之美。这与科学之美有共通之处。在《给孩子的生命简史》中，作者举了一个例子来说明"生命之美与生物进化论之美"：一位艺术家对理论物理学家费曼开玩笑，说他们科学家不解风情，终日埋首于公式、符号、数据、推论等，恐怕连一朵花的美都不懂得如何去欣赏。但才华横溢的费曼则反唇相讥说，艺术家们虽能欣赏自然之美,然而常常浮光掠影、大而化之,未必能像科学家们体味得那样细腻与深刻。其实艺术与科学并没有高下之分,它们只是看待"美"的角度不同而已,如果我们能通过科学的方式深入理解一朵花的精巧复杂与它奇妙的演化历史,我们必能多一种理解世界的角度,体会到它"超越外表的壮美"。多读科普读物,我们就能在一定程度上借助科学家们的眼睛看世界,发现我们从未留意过的、不一样的美。

读科普,我们同样可以获得人生启迪。我最近在读书打卡时,就产生了这样一些感悟。首先是作者从达尔文痴迷于地质学和生物学,从而取得巨大成就的经历中总结的一段话——"人们在艺术中所寻求的那种东西,也同样为创新所必备,一种忘我和无用的专注",这里有两个关键词——"忘我"和"无用",让我想到了"无用之用是为大用"的道理。艺术也好、科学也好,什么都追求功利的"有用",反而会限制了人的思维。其次是在读基因突变和物种大灭绝时,印在我脑海中的词是"一体两面",是"浴火重生"。变化虽然会让我们无所适从,但同时也会带来新的机遇,与其惧怕,不如用更开放的心态去拥抱变化。还有作者说科学上很多看似简单的经典定律,实则"看似寻常最奇崛,成如容易却艰辛",这是说它们被人们发现、认识、推广的过程是非常不易的,"简洁凝练"是一种长期积累、研究、思考、领悟之后的高度概括,就算是极有天赋的科学家,也要付出艰辛的努力,没有人能随随便便成功。进而又想到不少的人生道理虽然看似很简单,家喻户晓,但知易行难,知道的人多,能贯彻实施的人少,所以不能小看那些看似简单容易的东西。"纸上得来终觉浅,绝知此事要躬行",科普作品中的叙述,让人对这一道理的领悟更深了一层。

读科普,我们还可以寻找科学与我们自己专业领域的结合点,从而寻求突破。在《给孩子的生命简史》中,作者引用了中唐诗人韦应物的一首咏琥珀的五言诗"曾为老茯神,本是寒松液。蚊蚋落其中,千年尤可觌",感叹诗中对琥珀的成因以及昆虫如何一失足铸成千年犹存的化石的形象描述,以及合乎科学的推断。这让我想到,一定有许多像这样的文学作品,它们的描述也许很符合科学原理,可以为解释这些原理提供一个生动的例子,也可以为讲解文学作品提供一个新的角度。还有的作品中的描述不符合科学原理,是由于受时代的局限,又或者是作者的大胆想象,那么也可以引导孩子们理解文学与科学的不同,不用简单的"真""假"来评价作品。又如科学与文学探索和表现的有时是同样一些问题。比如科学关注我们在自然界的位置:我们是谁?我们从何而来又往何处去?而文学艺术也从不同角度、运用不同手法去探索类似的问题。我们可以去关注和寻找这其中的内在联系,从而拥有更全面深入的看法。往小了说,孩子的科学素养同样可以给其习作带来不一样的光彩,比如曾有一位同学非常喜欢生物学,他写了一篇叫作《虾儿历险记》的文章,读来非常新奇有趣。这不仅是因为他文笔优美,更由于他对虾的迁徙很了解,使得里面呈现出来的细节很丰富很真实,让文章有了不一样的魅力。

  直接看科学论文对我们来说是极其困难的,像《给孩子的生命简史》一类的科普读物正好就充当了科学家与普通人之间的桥梁。而作为教师,读不同领域的书籍,进行不同学科的积累,不仅仅是因为现在"跨学科"的课程设计理念非常流行,更是因为我们每个人的成长和生活都与各个不同的领域有着密切的联系,我们每个人的生命都需要深度和广度。一位教师,如果好学且博学,拥有开阔的视野、独到的见解和深厚的情怀,他所带给学生的便不仅仅是分数的提高和知识的积累,而是人格的教育和生命的滋养。

第四章

挚爱与智慧

爱让我们幸福成长

——2007年2月26日在开学典礼上的讲话

苏 平

寒假中,一位苏杰的毕业生采访我:您认为人最核心的美德是什么?我毫不犹豫地说:人最核心的美德是懂得"爱"。懂得爱的人,是最富有的人!

"爱",博大深邃,包容万物。"爱",是我们人类每一个人都应该培养、都应该拥有的一种美好的感情,是人不可缺少的最重要的财富。懂得去"爱"和"接受爱",这是一门永远充满无穷魅力的学问。

"爱",就是经常站在他人的角度去思考问题,理解别人,去关心别人的需求,去惦记着身边的亲人。我们要真诚地、得体地去爱父母和身边的亲人,真诚地、得体地去关心同学或同事,去关心我们生活的集体,去热爱我们的家乡。如果我送给妈妈的一支护手霜,正好是妈妈喜欢的,很适合妈妈用,那我和妈妈都会很快乐!如果同学或同事和我在一起的时候,总觉得很舒服、很开心,那我和他们都会感觉到很幸福。如果同学或同事遇到困难时,我能够善解人意地送上一句话或一个帮助,使别人顺利地达到目标,那我和朋友就同时收获了爱的快乐！如果我送几本班集体需要的书与大家分享,那整个教室里就充满了书香和快乐！伟大的爱就是由这生活中的一件件小事所造就的。

"爱"是一种尊重,一种对自己的尊重和对他人的尊重。当你处处尊重别人的时候,你也就得到了别人的尊重和爱。在我们与他人相处时,要学会控制自己,言行举止要考虑别人的感受,要让别人受到尊重和重视;在我们帮助别人的同时自己也一定得到了别人的帮助,这是一种平等的相互关爱。这样一种相互的爱,充满着相互的尊重、体贴和理解。

懂得爱自己是"爱的学问"里重要的一课。我们只有懂得爱自己,拥有爱的胸怀和能力,才能够用艺术和热情去付出自己的爱,让自己和更多的人感受到爱的温暖和快乐！我们要热爱父母给予自己的身体,努力学习和掌握卫生、保健常识,爱护自己的健康并发展自己的本质;我们要在老师、父母的帮助下,培养自己具有懂得热爱、豁达和宽容的美好性格;我们要有尊严地生活着,热爱自己的学习或工作,主动把自己的学习或工作设计得更美好一些、更诗情画意一些,这样,你的学习热情和积极进取,就使自己变得越来越美丽、越来越可爱,你在爱自己的过程中也让别人分享了你的爱,并得到了别人的尊敬与爱。

"爱"是一种能力,是一门艺术。懂得"爱"需要渊博的知识、优雅的修养,因此,我们要勤奋读书,学会尊重,培养自己爱的能力,做一位传递爱和快乐的天使。

亲爱的同学们,苏杰的老师们爱你们！爱你们成长的每一天！感谢你们给予老师的快乐和幸福！老师们一定努力做爱的使者,让同学们在苏杰快乐地学习,在爱的阳光里幸福地成长。

尊重生命

钱晓燕

老师们、同学们：

大家早上好！

今天我"国旗下讲话"的题目是"尊重生命"。

生命，以超乎想象的方式存储着地球40多亿年的演化史诗。1859年达尔文的《物种起源》出版以来，孟德尔、摩尔根、沃森、克里克、威尔金斯等伟大的科学家在生命科学研究方面取得了巨大的成就，让我们认识到生命的珍贵、奇妙、美好。珍惜、尊重生命是我们的责任，是人类最伟大的行为。

如果我们缺乏对生命的尊重，就会做出轻视他人的尊严、拒绝濒危生命求助、无休止地杀戮野生动物、破坏我们赖以生存的环境等无知、冷漠、残忍的行为。

美国成功学运动的先驱奥里森.马登说："一个不懂得珍惜生命的人将注定一无所有。"那么，我们怎样做才是尊重生命的表现呢？

尊重生命，首先应该学会的是遵章守纪，遵守各项规章制度。

纪律是安全的保障，有序才会安全。例如：在学校里，我们自觉遵守各项制度。课间活动、上下楼时不要追逐、打闹，以免发生撞伤、摔伤的事故；游戏活动时，多一分谦让与小心，避免不必要的伤害。乘坐校车时自觉遵守校车制度，过马路、上校车时做到思想集中，乘车时不和同学说笑，过程中不将头、手伸出车窗外。这些都是珍惜、尊重生命的表现。

在校园外，更要自觉遵守社会中的各项规章制度，比如，在骑车、行走时应自觉遵守交通规则，不闯红灯，过马路要走斑马线，不穿越护栏，骑自行车不带人等。

在生活中，我们节约用水、节约用电、节约用纸、节约粮食；自觉地养成讲文明、讲卫生的习惯：不随意制造与周围环境氛围不和谐的噪声，不随地吐痰，不乱丢抛弃物，不乱倒剩饭剩菜。自觉参与学校与社区的环保行为，例如：垃圾分类处理，不使用一次性饭盒、筷子，不伤害、不食用应受保护的野生动物等等。这些也都是尊重生命的表现。

另外，我们还要避免可能会发生在我们身上致命的危险，比如交通意外、火灾，或是煤气泄漏，甚至是出行游玩时由于地理环境等原因而带来的隐患。这些是我们最不愿意看到的，虽然发生的概率极小，但也不能轻易认为它们是不可能的事件。

记得有一则故事：几个学者与一个老人同船共渡。学者们问老人是否懂得什么是哲学，老人连连摇头。学者们纷纷叹息："那你已经失去了一半的生命。"这时一个巨浪打来，小船被掀翻了，老人问："你们会不会游泳啊？"学者们异口同声地说不会。老人叹口气说："那你们就失去了全部的生命。"

虽然这只是一个虚构的故事，但其中蕴含的哲理却耐人寻味。灾难的发生，不分贫富贵贱，不论性别年龄。如果缺少应有的警惕，不懂起码的安全常识，那么，危险一旦降临，本可能逃离的厄运，都会在意料之外、客观之中发生了。因此，平时我们还要注重学习、掌握必要的安全防范知识，这样可以避免、减轻事故造成的伤害。

同学们，我们不仅要学会尊重自己的生命、他人的生命，还要尊重大自然中的生命。一花一木,一山一水,都有生机。任意丢弃一张白纸,随意采摘一朵鲜花,践踏一株小草,随便倒掉一掬清水,或者欺负、伤害小动物等,都是不尊重生命的表现。

一位在可可西里索南达吉站参与藏羚羊保护计划的志愿者在他的日记中写下了这样一段经历:"一天夜里,我们看到一处被偷猎者洗劫的场面,成百只被剥了皮的藏羚羊的尸体赤裸裸地躺在草地上。我们的车灯晃过,突然,有一只羊从死羊堆里腾空而起,冲着我们的车飞奔过来。它浑身上下已经没有皮了,偷猎分子的枪声只是震晕了它,也就是说,它是被活活剥皮的!"这样的画面令人心痛,动物和人类生生相息,同在一片蓝天下。现在我们人类的居住面积越来越大了,而动物生存的环境却越来越小。为了生态环境的协调,我们应该从自身做起,爱护动物不仅仅因为人类的恻隐之心,更是为了尊重生命。

老师们、同学们,让我们在这大地苏醒、春风又绿的时刻,把尊重生命的种子撒播进自己的心田,当它发芽开花、长成参天大树时,我们必将收获更多的祥和、幸福和安宁。

最后,衷心地祝愿老师们、同学们平安幸福!我的讲话结束了,谢谢大家!

感谢父母

郏茂青

老师们、同学们：

大家早上好！今天我国旗下讲话的题目是"感谢父母"。

提起父母，我总想起那首传唱千年的《游子吟》："慈母手中线，游子身上衣。临行密密缝，意恐迟迟归。谁言寸草心，报得三春晖。"唐代大诗人孟郊以真挚的感情和质朴的语言，向我们描绘了一幅生动的慈母缝衣送儿远行的画面。这首诗并没有华丽的辞藻，然而却被人们经久传诵，人人对它耳熟能详，根源在于它拨动了人们心灵深处的爱之琴弦。人皆有父母，人人都沐浴过母爱的光辉，与其说《游子吟》勾起了人们对母爱的怀念和追忆，倒不如说人们借孟郊的《游子吟》唱出了心中对母亲的深深感激。

有一位老人曾经这样激情感言："孩子！当你还小的时候，我花了很多时间，教你用汤匙、筷子吃东西，教你系鞋带、扣扣子，教你梳头发、擤鼻涕；练习了几百回，教会了你第一首儿歌；每天绞尽脑汁回答你不知道从哪里冒出的问题……这些和你在一起的点点滴滴，是多么地让我怀念不已。"同学们,你们听听,父母把抚养我们当作人生的快乐乃至时时回忆,他们为了我们生活好一点,为了我们长得高一点,为了我们学习棒一点,含辛茹苦,终生操劳,鞠躬尽瘁,无怨无悔。这就是父母之爱,这就是不求任何回报、天底下最高尚的爱。

同学们,让我们学会感谢父母吧!用一颗感恩的心去对待父母,用一颗认真的心去与父母交流,不要再认为父母帮我们做任何事情都是理所当然的,不要对父母的付出置若罔闻,不要再冲父母发脾气耍性子了。他们把我们带到这美丽的世界,给了我们宝贵的生命,并且还将我们养育成人,默默地为我们付出。他们用博大的胸怀与深沉的爱包容了我们成长过程中的许多缺点和任性,他们已经为我们做得足够多了。相反,我们为他们做得还非常少。如果以前我们还懵懂无知,不清楚也没有思考过这样的问题,那么就从现在开始,考虑如何感谢父母吧!

感谢父母,我们可以有很多方式。父母最大的愿望是希望我们能健康成长,因此,首先我们要聆听和接受他们的教诲,多吃饭菜不挑食,及时增减衣服以免生病,早睡早起多运动,养成科学健康的生活习惯。其次,要珍惜时间认真学习。我们要学会对自己的学习负责,回家认真完成作业,主动认真复习功课,这样劳累了一天的父母就不用花晚上休息的时间来操心我们的学习了。父母希望我们能有较强的生活能力和社会交往能力,希望我们从小就能打好扎实的科学文化基础,将来能为社会多做贡献,生活才能充满快乐和幸福。父母是为我们的未来着想,我们要主动多和他们沟通,及时地相互了解,及时接受父母的正确意见,以积极主动的姿态投入学习,争取全面发展。再次,要主动为父母分忧,一方面帮爸爸妈妈做一些力所能及的家务,比如扫地擦桌子、洗袜子擦皮鞋、择菜洗碗、整理书桌等等;另一方面要关心体贴父母,他们工作一天回来很辛苦,我们要主动为他们倒上一杯茶,给他们捶捶背,做一些我们能做的事情。我们现在能为他们尽尽孝心,就证明我们是真的长大了,懂事了。

同学们,"谁言寸草心,报得三春晖",让我们铭记父母的恩情,感谢父母的恩情。让我们每个人都做一个孝顺父母、懂事上进的人。从今天做起，以同学为榜样，比一比，看谁为父母考虑得多一些，做得多一些。

最后，祝福全体同学、老师和你们的父母健康、快乐！

收集快乐

杨艳婷

各位尊敬的老师、亲爱的同学们：

大家早上好！今天我"国旗下讲话"的题目是"收集快乐"。曾经听说过这样一个故事：原是日本最大的零售集团八佰伴的总裁，72岁时，突然遭到了致命的打击——他苦心经营的集团倒闭了。一夜之间，他从一位国际知名企业家变成了一文不名的穷光蛋。有人以为他将从此一蹶不振，穷困潦倒余生。可出乎人们意料的是他很快就调整了心态，又和几个年轻人办起了一家网络咨询公司。他成了商界的不倒翁，他的名字叫和田一夫。后来有人问和田一夫为什么能这么快就调整心态，他说他靠的是两大秘诀：一个是光明日记，一个是快乐例会。

原来，和田一夫从20岁开始，就坚持每天写一篇日记，与众不同的是，他只拣快乐的事情记，他把这种日记叫作"光明日记"。此外，他每个月都要召开一次例会，要求所有与会者在谈工作之前，必须用3分钟时间向大家讲述自己本月内最快乐的事情，他把这种例会叫作"快乐例会"。

我们不禁被和田一夫的快乐和从容所感动。快乐是一种内在的美，是健康人生需要拥有的积极心态，它常常散落于人生的每一天、生活中的每一个角落。快乐需要我们提着感恩的篮子去精心采撷、收集和积累。快乐是人的生命中最珍贵的财富之一，拥有了它，你的生活才会变得更加美好，更有意义；拥有了它，我们才能用积极的心态和良好的情绪快乐地学习和成长。

好的心情是需要自己培养的。虽然每天同学们的生活中不可能总是有特大喜讯，但我们可以做一个善于寻找小快乐的人，从小快乐开始收集，积少成多。比如早上起来看见亲爱的爸爸妈妈，我们能感受到家的温暖；来到学校看到最熟悉的老师和同学，是那么亲切自然，我们能感悟到上学的快乐；做早操可以锻炼身体，抬头看看早晨天空干净明亮的样子，我们能感受到每一天都是崭新的开始；上课听老师讲到有趣的话题，以及课堂上的小插曲，我们开怀一笑；一道数学题做对了，让我们多么有成就感；课间捡起地上的一张废纸，我们会因为自己保护了环境而感到很快乐；偶然在某本书里发现一句话很有道理，像是看见了我们的老朋友；放学回家发现小区的绿化挺不错，环境优美，我们心旷神怡；晚上主动给爸爸妈妈泡一杯茶，或者讲个故事给爸爸妈妈听，让温馨的家里充满欢乐；最后一件开心的事，就是和爸爸妈妈互相说一声"晚安"，然后美美地上床睡觉……

那么老师们呢？上课时孩子们专注的神情让我们快乐；课堂上跳跃出的智慧火花让我们欣喜；作业本上工整的字迹让我们愉悦；日记本上那一句句真心话，让我们感动。课间，与孩子一起玩，一起体味曾经的童年；课后书写教后记也是一种快乐，那是我们成长的印迹；送给同事一个好主意，让彼此都心花怒放；与同事一起合作策划，成功组织了一次学校活动，师生们的笑脸就是我们的成就！

这些都是我们身边发生的随处可见的快乐，如果我们每个人每天都搜集许多小快乐，那么在我们苏杰这个大家庭里，就会拥有许许多多数不完的快乐！怎样才能找到生活中的小快乐呢？美国舒勒博士在他的新书《快乐的态度》中揭开了快乐的秘诀。如果你懂得以下几条秘诀，你就会离快乐越来越近:要懂得没有人是完美的,必须承认自己的弱点,并乐意接受别人的建议、帮助和忠告,只要你勇于承认自己需要帮助,成功必然在望;要懂得热心帮助别人,如果要真正快乐,自己受人尊敬,则应帮助别人,与别人关系融洽;还要懂得快乐永存心间,只要时常保持心境开朗,快乐是很难舍弃你的!

　　收集点滴快乐,拥有一份好心情,相信我们的工作和学习会顺畅很多,我们的生活也会很甜美。同学们、老师们,让我们从现在起每天都保持一份快乐的心情,做一个快乐生活的人!让我们一起加油吧!

常怀感恩之心

杨艳婷

各位老师、各位同学：

大家早上好！今天我国旗下讲话的题目是"常怀感恩之心"。

中国自古以来就有"知恩图报""滴水之恩，涌泉相报"的说法。古代《诗经》中有"投我以木桃，报之以琼瑶"的句子，唐代诗人孟郊笔下有"谁言寸草心，报得三春晖"的诗句。可见感恩是一种积极的生活态度，是一种珍惜与热爱。

有这样一个故事：两个人在沙漠中行走，他们是很要好的朋友，在途中不知道什么原因，他们吵了一架。其中一个人打了另一个人一巴掌，被打的人很伤心，于是他就在沙子里写道："今天我朋友打了我一巴掌。"写完后，他们继续行走。当他们来到一块沼泽地，之前被打的人不小心踩到沼泽里面，另一个人不惜一切，拼了命地去救他，最后那个人得救了，他很高兴。于是他拿了一块石头，在上面写道："今天我朋友救了我一命。"朋友一头雾水，奇怪地问："为什么我打了你一巴掌，你把它写在沙里。而我救了你一命,你却把它刻在石头上呢?"那个人笑了笑,回答道:"与别人之间的不愉快,我记在沙子里,因为一阵风就可以吹散。当别人有恩于我,就应该把它记在不会消失的地方,永远也不忘记。"

这个将别人的恩情刻在石头上的朋友,告诉我们在生活中要常怀一颗感恩的心,做一个懂得感恩的人。当一个人经常说感谢的时候,他的生活便少了一分抱怨,多了一分珍惜;当我们心怀感恩时,会发现生活多了温暖,多了温情。

细细想想,我们可感谢的东西真的很多:感谢父母对我们无微不至的关爱,让我们健康快乐地成长;感谢老师对我们的谆谆教诲,让我们在知识的海洋里尽情遨游;感谢朋友给我们的无私帮助,让我们一起分享快乐!平时和家人一起游览名山大川时,感谢大自然的鬼斧神工,感谢它展现出来的神奇和美妙。观看篮球比赛时,感谢运动员出神入化的球技,感谢他们永不言败、永不放弃的坚强斗志。课间老师和孩子们一起玩耍时,感谢你们身上迸发出的生命力与热情,感谢你们给老师带来的快乐和享受……

感恩,是一种健康的心态,它使人身心愉悦。感恩,是一种从容和释怀,它使我们更加珍惜美好的生活。感恩,它会感染我们周围的每一个人,包括我们自己。悦耳动听的感谢之声永远不会引起误会。所以请不要忘了接受帮助后,在第一时间望着对方的眼睛说一声"谢谢你"。课堂上,专注的目光,轻轻地点头,都证明了你全身心地投入,在专心听课,这便是感恩;在走廊上,看见老师,一抹淡淡的微笑,一声礼貌的"老师好",这是感恩;放学后,向老师招招手,说一句"老师再见",这也是对老师的感恩。对于老师来说,认真批改每一次作业,这是感恩;认真备好每一节课,这是感恩;微笑面对每一个孩子,这是感恩;认真倾听每一位孩子说话,这也是感恩。我们要努力让"感恩"成为一种习惯,每天都拿出感恩的行动,多做一些感恩的小事!

生活中的每一天,如果我们都充满着感恩的情怀,用友爱去对待身边的人,用微笑去对待困难,你的内心就必然会不断地涌动着温暖和幸福、自信和豁达,这些美好的品格会让你永远美丽和快乐!

分享是一种快乐

顾笑颜

亲爱的老师们、同学们：

大家早上好！今天我国旗下讲话的题目是"分享是一种快乐"。

不知道大家有没有听说这样一个故事：一个商人从遥远的地方引进了一种十分名贵的花种，大家知道了，都来向他要种子，他却一粒也舍不得给。他计划培植三年，等拥有上万株后，就开始出售。

可是到了第三年，这些花却完全没有了原来的那种雍容和高贵。商人惊讶之余便去请教一位植物学家。

植物学家问他："你家花圃的隔壁是什么？"

商人说："是别人的花圃。"

植物学家又问他："他们种的也是这种花吗？"

商人摇摇头说："不，他们种的都是普通花卉。"

植物学家沉思片刻说："这正是问题所在啊！你的花被风传授了邻居家普通花的花粉，所以一年不如一年了。"

商人着急地问植物学家该怎么办。植物学家说:"只有一个办法,就是让你的邻居们也都种上这种花。"

虽然有些不情愿,但商人还是听从植物学家的话,把花种分给了邻居。第二年春暖花开,商人和邻居的花圃几乎成了这种名贵之花的海洋,花也恢复了原来的雍容华贵,商人开心地笑了。

直到这时,商人方才明白:只有学会分享,才能获得更多的美丽与快乐!

分享所产生的奇迹正如英国戏剧作家萧伯纳所说的:"倘若你有一个苹果,我也有一个苹果,而我们彼此交换苹果,那么,你和我仍然是各有一个苹果。但是,倘若你有一种思想,我也有一种思想,而我们彼此交流这些思想,那么,我们每人将各有两种思想。"分享将使我们收获更多的好思想,得到更多的友爱、快乐!

其实,在生活中,很多同学已经做到了"学会分享"。被老师表扬了以后,把这个好消息告诉爸爸妈妈,这是一种分享;开学的时候,把自己珍藏的书带到学校来,捐给学校图书馆,这是一种分享;向老师学习做风筝时,用自己成功的经验去帮助同学,这是一种分享;做数学题时,研究出了一种巧妙的解题方法,将它教给周围的同学,这是一种分享;看到一只流浪的小动物时,怜惜地抚摸着它的身体,让它感受到人类的善良,这也是一种分享……

同样,作为老师,我们也需要学会与身边的人共同分享:把喜悦的心情告诉家人,让家人和我们一起开心;把优秀的管理经验告诉同事,让同事的工作更加得心应手;把新颖的教学设计告诉同事,让同事的教学锦上添花;把自己上学时的经历讲给孩子们听,让孩子们少走弯路;把自己亲手做的小礼物发给孩子们,让孩子们感受到来自老师的关爱和体贴……

老师们,同学们,与别人分享的人是幸福的,因为他实现了自己存在的价值;接受朋友帮助的人是快乐的,因为他感受到了友谊和真爱。让我们都来学会给予与分享,在实现自己价值的同时,享受那份人间的真善美吧!

让人间充满爱

陈月红

2008年5月12日，一场意想不到的灾难降临人间——四川省汶川县发生8.0级强烈大地震，这是新中国成立以来震级最高的大地震！

在这场大地震中，无数人伤痛缠身、无家可归；无数个家庭被地震粉碎；无数的泪水在大雨中流淌；无数声绝望的啼哭，伤心的呼唤……

一个个鲜活的生命就这样在灾难中离去。看着无数无家可归的人们，看着不断攀升的伤亡数字，看着受灾现场的残垣断壁，每个人的心中都会涌起无限的沉痛与哀思。

在灾难面前，我们中国人挺起了脊梁，我们华夏子孙万众一心，在大地的伤口上，用爱心、用有力的臂膀，筑起了血肉的长城。我们看到国家领导人亲临灾区夜以继日地指挥着救灾，成千上万的人民子弟兵又一次战斗在最危险的前线，无数志愿者义无反顾地投入救护行列，无数青年在献血车前排起了长龙，无数笔捐款汇至灾区，我们看到了废墟中生的希望。

在我们的身边也出现了一幕幕感人的画面。二年级家长委员会和五

(1)班同学率先发起倡议,全校师生积极响应! 5月15日早晨,一个不大的捐款箱在各个班级穿梭,收集着大家的爱心! 有的同学带来了压岁钱,有的同学拿出了积攒了很久的零花钱,有的同学献出了珍藏的硬币……不到一个小时,捐款数额达30 041.50元。随后,学生代表和老师代表将这笔善款送到了鼓楼区红十字会。

同学们,这一枚枚硬币带着你们的体温,这一张张纸币装载着你们的关怀。一个捐款箱装满了大家沉甸甸的爱心,带着我们的关爱与惦念,带着我们的爱心与希冀,带着我们的祈祷与祝福,飞往灾区。也许我们的力量很微弱,但我们的这份深情却很真挚!

一方有难八方支援。请相信,我们的一份援助,将给受灾群众十分的力量,我们的十分援助将给受灾群众百倍的信心! 同学们,你们在灾难面前表现出了勇气与爱心,表现出了中国人万众一心的信念,表现出了华夏子孙无所畏惧的决心,老师为你们骄傲! 相信爱的种子已埋入你们的心底,正在慢慢萌发。

无论何时,请记住:

有爱,才有世界!

有爱,才有希望!

有爱,才有未来!

心中有他人

景蓓蓓

尊敬的老师们,亲爱的孩子们:

大家早上好!今天我国旗下讲话的题目是"心中有他人"。

"心中有他人"的意思就是心中要想着别人,要尊重别人,要顾及别人的感受,要设身处地地为别人着想,要善于帮助别人。如果一个人心中只有自己,而没有别人,那么这个人终将会没有朋友的。我曾经看到过这样两个场景,大家听完,会有一些感触。

早在几年前,我在家附近的银行办事,刚出大门,就看到一位小朋友从妈妈的车上下来,跑向路边的垃圾桶将手中的冰棍棒丢了进去,很显然这根冰棍棒在他的手上已经握了好一会儿,为了清洁工更方便地清理垃圾,为了我们每个人都走在整洁的大街上,他做出了正确的选择,让我的心里一阵感动。他就是现在五(1)班的韦明阳。

最近一次在参加乒乓球俱乐部的活动时,我发现六楼大厅的四张乒乓球桌前已经有老师开始了练习。我悄悄地站在旁边做起了观众,可是没有一会儿,就有一位老师,主动让我玩一会儿,顿时,我的心里泛起了一阵涟漪,涌起一阵温暖。她就是我们的大队辅导员张敏老师。

像这样的事情还有很多很多,只要我们每个人稍微想想,肯定会发现自己的身边也有许多像这样心中有他人的人。朋友之间互相关心、互相帮助的一件件小事,造就了美好的每一天。

要做到心中有他人其实并不难,孝敬父母,尊敬老师,尊重朋友,乐于助人,友爱谦让,爱护弱者……

那么如何孝敬父母、尊敬老师、尊重朋友、爱护弱者呢?就是一句话:你的心中有父母、老师、朋友、弱者的位置。生活中,当爸爸妈妈满头大汗时,递去一条毛巾,送上一杯冷饮;当爸爸妈妈下班回来,递上一双拖鞋;当爸爸妈妈心情不好时,说说贴心的话。在学校,看到老师,亲切地打个招呼;节日时,送给老师一个美丽的祝福;犯了错误时,主动跟老师认个错。跟朋友相处时,朋友有烦心事,在他身边静静地陪着;当朋友遇到愉快的事时,衷心地替他高兴,不要妒忌。有愉快的事时,也让朋友一起分享你的快乐,让一份快乐变成许多份。像美国六岁的小姑娘凯瑟琳那样,将对非洲小朋友的帮助落到实处,通过募捐为他们获得救命的蚊帐,使得很多小朋友得以幸存。我们要向她学习,积极参加力所能及的公益活动,做一个有爱心的人。

老师们,同学们,我坚信只要心中有他人就会有很多的朋友,自己也会拥有更多的快乐。

我的讲话结束了,谢谢大家!

学会赞美他人

郏茂青

你是否因为他人的赞美而倍感欣慰？你是否因为他人的掌声而更加努力？你是否因为他人的喝彩而更加向往精彩的未来？别人的赞美会给你带来无比的快乐和自信，在别人的赞美声中你不断茁壮成长。美国著名作家马克·吐温曾经夸张地说："只凭一句赞美的话，我就可以多活两个月。"这就是赞美的力量。与此同时，请不要忘了赞美他人，因为你的赞美也同样充满了神奇的力量。

下面和大家分享一个与赞美有关的故事。在美国的一个音乐大厅内，发生了这样一件事。钢琴表演即将开始，剧场里的观众穿着正式的礼服，安静地等待着。在座位的第一排，有一位母亲带着一个8岁的小男孩，小男孩显然有些不耐烦，在座位上动来动去。今天他是被母亲逼着来的，母亲希望他在听过大师演奏之后，会对练习钢琴产生兴趣。过了一会儿，小孩再也按捺不住，趁母亲不注意时，溜到了台上的钢琴前，他瞪着这些熟悉的黑白琴键，情不自禁地把手放上去，开始弹奏名叫《筷子》的曲子。

观众们都以厌烦的眼光看着小男孩,有人开始叫嚷:"这是谁家的孩子,他母亲在哪里? 快把那个男孩子赶走!"这时,台后的钢琴大师听见台前的声音,他赶忙抓起外衣,跑到台前,一言不发地站到男孩的身后,伸出双手,即兴地弹出一些和谐的音符来配合男孩演奏的乐曲。小男孩知道自己惹了麻烦,他的手开始颤抖,大师在男孩耳边低声说:"你弹得棒极了,继续弹,不要停止,不要停止。"男孩听了大师的话,手指变得灵活起来。一首曲子完后,观众们爆发出雷鸣般的掌声,尤其是男孩的妈妈,她感动得热泪盈眶,跑到台上向大师致敬。

赞美是一种伟大的力量。你会因为别人的赞美兴奋不已,别人也会与你有同样的感触。所以,多说些称赞别人的话,人们会因此而喜欢你,而你自己也会因此受益无穷。小小的赞美,给别人带来了无比的快乐,而赞美者本身也会获得愉悦的心情。

赞美他人是一种美德。付出了赞美,将会收获友谊与合作。赞美他人是一种智慧,欣赏他人的同时也在推动自己不断完善提高。会赞美他人的人,他人也会回报以更热烈的掌声、更亲切的笑脸、更美丽的鲜花。赞美成功的人,是对他们的肯定,会让他们更加奋勇前进;赞美失意的人,是冬天里的一盆炉火,会让他们看到自己的长处,帮助他们走出低谷。在这个世界上,任何一个人都有他独特的价值,所谓春兰秋菊,各有其秀。

在我们每天的学习和生活中,有很多值得赞美的事情。在班级里,有的同学乐于助人,有的同学很关心班集体,有的同学坐姿很优雅,有的同学懂得谦让,有的同学能主动关心爸爸妈妈的身体健康……这些同学应该得到我们的赞美。在课堂上,有的同学发言很精彩,有的同学善于合作,有的同学课堂听课效率高,有的同学学习方法好……这些同学应该得到我们的赞美。考试结束后,有的同学取得了优异的成绩,有的同学经过努力在某一方面取得了进步……这些同学应该得到我们的赞美。在家里,父母为我们准备了可口的饭菜,也应该得到我们的赞美。值得我们赞美的事情还有很多,需要我们带着真诚去发现,用心去赞美。

赞美他人应该成为苏杰人的一种习惯和品格。赠人玫瑰,手有余香;

送人赞美，留在你心灵中的馨香和愉悦也会持续到永远。让我们大家都来学会赞美吧！

在十年校庆典礼上的发言

苏 平

各位尊敬的领导、尊敬的嘉宾,各位亲爱的孩子、亲爱的苏杰校友、亲爱的家长、亲爱的老师:

大家好!

此时此刻,我的心情无比激动!我的心中充满了幸福!十年办学,我向学生们学到了很多,向家长们学到了很多,向同事们学到了很多。在此,我和张杰先生诚挚地谢谢大家!

谢谢各位校友、各位同学!做你们的老师,我们非常幸福!和你们在一起,我们永远年轻!

谢谢我们这个团队的每一位老师和员工!我们这一群有梦想、有才华、富有朝气的苏杰人,一路歌声,乐此不疲地奋斗了十年、创造了十年、快乐了十年!

谢谢各位家长!今天,我们十届校友家长代表、在校学生的全体家长、学前俱乐部家长代表在此欢聚一堂。十年的教育合作让我们分享智慧、共同成长!

　　谢谢各位尊敬的领导和朋友!感谢各位领导、各位朋友十年来给予苏杰的关心和帮助!

　　十年前,我和张杰先生放弃了自己的铁饭碗,我,放弃了大学副教授的职位,选择了实现办学梦这样一种新的人生。我们希望办一所孩子、家长、老师们都喜欢的学校,为社会做出应有的贡献。

　　办学第三年,我们提出了"更快乐,更健康,更优秀"的校训。

　　我们的办学思想可以浓缩成一句话,那就是:以爱孩子、尊重孩子为前提,去创造最适合孩子健康成长的教育。

　　我们希望孩子阳光、自信,有爱心、有责任心,懂得尊重,具有优秀的品德、优秀的情商和健康的身体;我们希望孩子爱思考、会质疑、喜欢探索、保持好奇心,具有优秀的学习习惯和优秀的学习能力,掌握优秀的思维方法和学习方法(包括让孩子具备优秀的应试能力,在接受北大、清华、哈佛、剑桥等名校的考试时,苏杰的学生能够取得好成绩,实现自己的梦想),拥有终生学习的理念和本领。

　　十年来,在这样的目标指引和实践中,我们逐步形成了一套适合孩子健康成长需求的课程体系、评价体系和课题研究体系,并已确定了专项课题,开始了第三个五年、第二个十年的教育教学发展研究。

　　苏杰已经在大学就读的前四届毕业生中,有不少的同学被清华、北大、南大、浙大、哈佛、美国韦尔斯利学院、巴黎政治学院、日本早稻田大学等国内外名校录取。六届在中学就读的苏杰毕业生,他们品德优秀、热爱读书,在各自的中学里都能做到出类拔萃。

　　下面即将要请大家欣赏的一台节目,是同学们平时所学习的体育、音乐、诗文诵读等课程的一个缩影,是同学们参加学校合唱团、艺术体操队、武术队、健美操队、舞蹈队等活动课程学习的一个汇报。平时,全校同学每周要上四节活动课程。这次汇报中,全校每个同学都有事情做,一个都不少地参与了表演等活动。同学们,你们每一位都很棒!你们平时取得的每一点成绩,老师们都看在眼里,非常自豪!

十年磨一剑！苏杰人用十年的时间，为"办中国最优秀的私立学校"这个目标，开了个好头。在第二个十年里，我们将更加勤奋学习、积极思考、勇于创新，争做中国基础教育研究的领跑者。

谢谢大家！

珍惜时间

樊海丽

同学们,你们知道这世界上最快而又最慢、最长而又最短、最平凡而又最珍贵、最容易忽视而又最令人后悔的是什么吗?它很神奇。对了,是时间。燕子去了,有再来的时候;杨柳枯了,有再青的时候;桃花谢了,有再开的时候。但是,时光过去了就再也回不来了,就像"黄河之水天上来,奔流到海不复回"一样,稍纵即逝。

古往今来,有所作为的人都是珍惜时间的典范。我国古代著名画家王冕出身贫寒,从小给人家放牛,但他时刻想着读书,在牛吃草的时候,他就坐在树下看书。就这样,他靠自学学到了很多知识,后来又刻苦画画,成了著名的画家。奥地利著名作曲家莫扎特,连理发时也在考虑创作,常常中途停止理发,记下他构思出的新乐曲。革命导师列宁、毛泽东、周恩来等领袖人物也都是珍惜时间的楷模。

亲爱的孩子们,时光老人给我们每个人每天都是24小时,86400秒,我们每天都在接受着这份礼物。但在实际生活中我们常常会发现,有的人整天忙个不停,学习效率却不理想。有的人却既能把学习任务完成得很好,也有时间安排做自己喜欢的事情。同样多的时间,为什么有这么大的差异呢?我们该如何使用好时光老人给我们的这份礼物呢?

首先,我们要制定计划。把每天要做的事按重要性排序,先做最重要和最紧迫的事,依次类推。如果是对事情所需要的时间估计不准,计划可以调整,如果是自己拖延的原因,要用坚韧不拔的毅力去有效完成。请记住居里夫人的名言:人要有毅力,否则将一事无成。

其次,要争取一次把事情做好。比如,上课时专注地听讲,就能节约课后反复补习的时间;课上能背会的小诗或歌谣,就不下课或回家背;写作业时想好了再落笔,就可以减少用橡皮擦本子的时间;第一次就把作业认真做对,就可以节约修改、订正的时间。

最后,要学会利用零碎时间。爱尔斯金在哥伦比亚大学教学的时候,有上课、阅卷、交际等各种事情,他一直苦恼的是"没有时间"。后来他听了老师的建议,利用每天无数个几分钟的时间,完成了他喜欢的写作和弹琴两项工作,最后都取得了丰硕的成果。

时间像沙滩上的沙粒,要一点一点地抓取,积累很多的时候,我们才知道它的分量。我们在苏杰学校学习六年,其实只有短短的大约2100天,让我们每个人都插上理想的翅膀,学会管理和珍惜时间吧!

演讲的艺术

顾笑颜

在我们的生活中,常常会需要演讲。大到升旗仪式上的国旗下讲话、升旗手发言,大队委竞选仪式上的拉票,参加比赛时的自我介绍,小到课堂上发表自己的观点、回答老师的问题,在生活中与他人进行交流……这些都是不同形式的演讲。演讲是一种技巧,更是一种智慧。如果我们能讲究演讲的艺术,或许就可以事半功倍。

我们不妨让自己的演讲诗意一点。还记得那个在"中国诗词大会"上大放异彩的武亦姝吗?今年开学,她就在学校的开学典礼上演讲了。她用"草色遥看近却无"的春天来比喻同学们的朝气蓬勃,用"满园春色关不住"来形容同学们浪漫而丰富的想象力,用"自信人生二百年"来赞美同学们的气魄,用"三更灯火五更鸡"来鼓励同学们去奋斗。她的这次演讲以诗词为饰,每一段都以"春日"诗词开端,不但令台下的同学们敬佩不已,也令众多的网友感叹:这又是一场精彩绝伦的"飞花令"啊!

我们不妨让自己的演讲幽默一点。法国著名的作家贝尔纳有一次去一个饭馆吃饭,对那里的服务很不满意。付账时,他对饭馆的经理说:"请拥抱我。""什么?"经理很纳闷。"请拥抱我!"贝尔纳显得很认真。"到底是怎么回事啊,先生?""永别吧,以后您再也别想见到我了!"你们看,没有大声的指责,没有激烈的争吵,就这简单的几个字,却是最有力的反击。可以想见,那位经理当时会有多么尴尬。如果他是一位明智的经理,一定会好好反思自己的管理。

我们不妨让自己的演讲生动一点。三八妇女节那天,我让我们二年级的同学们说一些感谢妈妈的话,前提是不能少于5句。有的同学为了凑齐5句话,就反反复复地说:"今天是妈妈的节日,我要感谢妈妈,我要祝妈妈节日快乐!"这显得有点空洞了。有的同学则举了生活中妈妈照顾自己的例子,让大家感受到,嗯,他的妈妈真的很爱他。还有一个同学,她不但说了妈妈照顾自己的具体例子,还插入了"孟母三迁"的故事,告诉大家,每一个妈妈都为自己的孩子付出了很多,所以我们要感谢妈妈。当这个同学说完以后,大家都忍不住为她鼓掌,因为她说得最生动,最富有感染力。

说到这里,有的同学也许会说了,我也想让自己的演讲更艺术一点儿啊!可是我该怎么做呢?这里,我就给大家支几个小招儿吧!

我们可以收集一些名言警句,并根据自己的实际需要运用到演讲中。"佳句本天成,妙手偶得之",通过大量的阅读,积累得多了,演讲时就会不断有灵感涌现。

我们可以积累新鲜、生动的词语。纽约有一位演讲家,"一天一个新词"是他的座右铭。每当阅读时发现不熟悉的词,他就立刻抄到备忘录上,晚上睡觉前,他就翻翻词典,彻底弄清这个词的意思,以备日后使用。

我们可以模仿书中的句子。演讲家卡耐基说:"每当我读到让我感到特别愉快的书或文章时,我一定会马上坐下来,模仿这些特点。"所有的创新,其实都是从模仿开始的。

我们还可以向书本发起挑战。一位演讲家在提到自己是如何锤炼语言时说:"阅读古典散文和诗集,并且毫不留情地删掉作品中没有意义的词句和老掉牙的比喻。"用挑剔的眼光去阅读,这也是提高自己表达能力的一种途径哦！

　　当然，要想提高自己演讲的艺术，还有很多值得研究的方面。比如：演讲的时候，我们该运用怎样的肢体语言？当我们遇到突发情况时，该如何去临场应变？如果需要即兴演讲，我们又该如何迅速组织语言……期待着大家向书本学习、向他人学习、向生活学习，不断提高自己的演讲水平，做一个能说会道、能言善辩、伶牙俐齿、妙语连珠的人！

学而时习之

顾笑颜

同学们,作为学生,我们的天职是什么呀?是学习。学习能帮助我们丰富知识、开阔视野、掌握技能,学习能让我们将来更好地适应社会生活,变得更加幸福。所以,我们每个同学都希望自己成为一个学习好的孩子。那么,怎样才能学习好呢?我想起了孔夫子的古训:"学而时习之"。

"学"是什么?"学"是觉悟,是吸收知识,一边需要老师教导,一边也需要自己去把相关的内容拿来参考、揣摩、体会,不断地思考和研究。"习"呢?"习"是温习、练习,把学的内容和成果拿来实践,在实践时还要不断地温习学过的内容和成果,甚至继续地学。所以,"学"固然很重要,但是"习"也不能忽略!甚至有的时候,大量的重复练习比仅仅吸收知识更重要。

我们来看看那些世界级的"牛人"都是怎么炼成的吧!

美国的迈克尔·乔丹之所以成为"篮球之神",斯蒂芬·库里的三分球之所以准到"变态",靠的是千万次的投篮;我国的丁俊晖被称为斯诺克神童,靠的是每天上万次的击球;在刚刚结束的亚洲田径锦标赛中,中国男子4×

100接力摘得金牌,获得了直通今年世锦赛的资格,这流畅的配合得益于千万次的接棒训练;在"开学第一课"上和钢琴机器人一起合奏的郎朗之所以成为"钢琴王子",靠的是每天几小时的弹奏;而中国围棋手柯洁之所以能获得跟阿尔法狗对弈的机会,靠的是数年如一日的坚持……

所以对于任何技能,我们仅仅知道了没用,我们理解了也还不行,只有反复实践、反复练习,才有可能真正掌握。正因为这样,我们需要每天坚持练习口算,这样才能提高我们计算的速度和正确率;我们需要每天抄写或默写单词,这样才能增加我们的词汇量;我们需要每天进行课外阅读,并且边读边批注,边读边思考,这样才能提高我们的理解能力,让我们真正做到"腹有诗书气自华"!弹琴的孩子,不要厌倦枯燥的指法练习了;跳舞的孩子,不要抱怨基本功练习的苦和累了;运动的孩子,不要三天打鱼两天晒网了……你要知道,你所有的"练习"都是在巩固你的"所学","习"是为了更好地"学"!

不久前,中国一位著名相声演员接受中央电视台的采访。记者问:"一段相声要在幕后重复练习多少次才能做到上台后胸有成竹?"这位演员的答案是"少则500遍,多则1000遍"。听了这两个数字,亲爱的孩子们,你们还在犹豫什么呢?让我们时刻记住:学而时习之!

养成勤俭节约的好习惯

陈 燕

大家都知道,10月1日是我们新中国的生日,那你们知道吗,10月份的最后一天,也是一个重要的节日,联合国选定这一天为"世界勤俭日"。"锄禾日当午,汗滴禾下土,谁知盘中餐,粒粒皆辛苦。"这首诗几乎人人都会背。可以说勤俭节约是我们中华民族的传统美德。

《财富时报》上曾经有这样一则消息:2005年除夕,时任国家总理的温家宝爷爷身着羽绒服,在刺骨的寒风中来到农村,与当地农民一起欢度春节。细心的记者发现,1995年冬天,温家宝爷爷也曾身着这件羽绒服,深入一个蔬菜批发市场考察。将两张照片放在一起一看,温家宝爷爷这件羽绒服已经穿了十年!穿了十年的衣服,肯定旧了。但温爷爷十年不舍旧衣,他给全国人民做了勤俭节约的好榜样!

英国女王伊丽莎白二世经常说的一句英国谚语是"节约便士,英镑自来"。每天深夜她都会亲自熄灭白金汉宫小厅堂和走廊的灯,她坚持皇家用的牙膏要挤到一点不剩。女王贵为一国之尊,节约意识如此强烈,令人赞叹。

　　为了节约用水，丰田公司的员工在抽水马桶里放砖块，以节约冲水量。员工使用的手套如果一只破了，就只换这一只，另一只等破了再换。有时候真觉得不可思议，一个世界知名企业，还在乎这么一点点吗？但是，对于丰田来说，"聚沙可成塔，积水可成渊"，正是由于丰田汽车公司员工的这种"勤俭"，才成就了丰田公司今天的辉煌。

　　一块石头不算多，千块石头堆成坡；一滴水不算多，点点滴滴汇成河。不算不知道，一算吓一跳。如果每人每天节约1毛钱，咱们每个班一年就能节约1000多元。全国13亿中国人1年就能节约大约500亿，就能建起5万所希望学校，就能让数千万个失学孩子重返校园。可见勤俭节约有多么重要！

　　有人问："建设节约型社会，我能做什么？"答案很简单：从我做起，从小事做起。当你在洗手的时候，把水龙头拧得小一些，用完后记得拧紧，这就是节约；当教室、办公室里没有人之后，把灯轻轻关上，这就是节约；当你吃饭的时候，不挑食、不浪费，这也是节约；穿衣不与别人攀比，做到整洁干净就行，这就是节约；纸张双面使用，这还是节约！

　　老师们，同学们，《朱子治家格言》中说："一粥一饭，当思来之不易；半丝半缕，恒念物力维艰。"历览前贤国与家，成由勤俭败由奢。让我们把勤俭节约当作一种美德，把勤俭节约当作一种习惯，把勤俭节约当作一种责任，一起让勤俭节约的好习惯之花开遍校园！

让读书成为一种习惯

景蓓蓓

苏杰学校创办以来,为了丰富学生们的课余生活,学校经常组织各种各样的活动,如科学节、诗歌节、美食节、音乐节、读书节等等,师生们每每从中收获许多,这也俨然成为苏杰学校的一种文化。本学年苏杰学校的教育主题是"博览群书,优雅做人"。早在开学前,学校的老师们齐聚一堂,大家商量着这学期给孩子们推荐些什么好书,开学典礼上老师们向孩子们如约推出了必读书目,如一年级的《没头脑和不高兴》、二年级的《俄罗斯娃娃的秘密》、三年级的《婷婷的树》等等,老师们为各个年级的孩子推荐了适合他们读的书。不仅如此,校长室经过精心研究,也给不同学科的老师以及员工进行了好书的推荐。

我们的身边到处都是读书人的身影,读书已经成了他们的一种习惯。例如,我们的侯婧老师利用上下班坐地铁的工夫进行"读书打卡",每天在微信朋友圈分享自己读书的点滴体会;例如,有些"小书虫"下课了还舍不得休息,手捧着心爱的书籍争分夺秒地埋头苦读,沉浸其中,流连忘返;例如,有的老师利用周末的下午泡杯咖啡,放点轻音乐,翻着带有墨香的书籍仔细品味;例如,有的老师外出旅游,随身携带的包里会放着一本心爱的读物,只要有空就会拿出来翻一翻……整个校园散发着浓浓的书香,读书成了苏杰学校一道亮丽的风景线。

读一本好书就像和一位高尚的人在对话,读很多本好书,就是和很多高尚的人在对话,而人只有在不断地"对话"中,才会不断地思考;只有在不断地思考中,才会不断地收获;也只有在不断地收获中,才知道自己缺乏得更多。正如爱因斯坦曾经说过,若一个人已知的东西是一个圆圈,那么他知道得越多,圆圈就越大,与外部的接触就越多,那么知道自己不懂的也就越多。

近期,我读了《听杨绛谈往事》,一次次被书中的内容打动着:钱锺书和杨绛夫妻一起留学牛津时,只要一有空,就泡在图书馆里,对坐读书,不仅读书,还带着本子,及时写下自己的感悟。1974年,锺书先生写《管锥编》,杨绛先生翻译《堂吉诃德》之际,两人只能住在一个小小的办公室里,房间里还放了两张小书桌,杨绛先生用的那张桌子只能放下一沓稿纸和一本书。然而不管条件如何简陋,读书和工作始终是他们的最大乐趣。虽然这里还有困扰人的三灾:鼠灾、蚊灾、白毛虫灾,不过这些并不影响他们专心致志地读书与工作,他们觉得这个房子有一个优点,那就是离图书资料室近,借起书来很方便。显然读书已经成为他们生命中不可或缺的一部分。

老师们,同学们,在这万物复苏、春意盎然的季节,让我们从今天开始,从现在做起,拿起书本,投身于书的海洋,也让读书成为我们的一种习惯,丰富我们的精神世界;让读书成为我们的一种习惯,飘香美丽的苏杰校园。

在艺术的殿堂里发现美、创造美

——在"苏杰学校2018相约童年音乐会"上的发言

苏 平

尊敬的领导、尊敬的毕业生家长代表,亲爱的同学们、老师们、家长们:

大家下午好!

在这个百花齐放的春天,我们苏杰这个大家庭共1700多位师生、家长齐聚保利大剧院,共同欣赏"苏杰学校2018相约童年音乐会",分享老师们的教学成果和孩子们的学习成绩。

苏杰学校从2011年开始,每年召开一次这样的全校音乐会。我们的音乐会有一个重要的特点:每一位同学都是演员。音乐会活动实际上是一个跨学科的系列教学活动。在这个跨学科教学活动中,孩子们不仅仅提高了音乐学习质量和审美能力,还学习和掌握了各种礼仪,学习如何彼此配合与默契合作,学习如何表达与交流,在活动中提高了执行力;在如何轻轻走路、表演时如何站立等各方面养成了一些好习惯——这就是我们音乐节音乐会系列活动需要达成的目标。因为,苏杰的孩子首先要成为一个优雅、胸怀豁达、富有爱心和责任感的人,要成为一个具有终生学习兴趣和学习能力的人。

　　家长们、老师们，教育强则中国强！我们苏杰的每一位老师、家长，都是平凡而又伟大的小人物，因为，我们可以用自己的智慧和先进的教育思想影响到更多的人，让更多的家庭变得幸福和美好！让我们家校共同努力，让苏杰的孩子更快乐、更健康、更优秀！

　　亲爱的孩子们，在今天这个高雅的大舞台上，每一位同学既是演员也是观众，你们将用动情的歌声、欢乐的舞姿、美妙的旋律和优雅的表现，汇报你们在音乐学习和综合学习中取得的进步与成绩。每一位同学都很棒，在短短的时间里获得了高质量的学习成果，比如，小提琴队的同学们，学习拉小提琴刚刚半年，今天就能登上保利大剧院的舞台表演；低年级孩子通过较短时间的学习，就学会了分声部合唱。孩子们，在这个学年里，你们不仅在艺术教育中取得了很多进步和成绩，在体育学习中也取得了很多成绩呢。上学期，健美操队的同学们取得了浦口区青少年啦啦操联赛小学组一等奖第一名的好成绩，总分661分，遥遥领先；第一次参加南京市的比赛就荣获了南京市小学组团体二等奖。4月中旬，苏杰赛艇队的同学们参加第28届国际青少年赛艇锦标赛，第一次参加比赛就获得了一枚金牌、两枚银牌、一枚铜牌，取得了优异成绩。苏杰赛艇队是中国的第一支小学生参加的赛艇队，苏杰赛艇队的同学们让祖国的五星红旗第一次飘扬在比利时根特的上空，为中国争得了荣誉。全校师生和家长都非常自豪！

　　孩子们，让我们用热烈的掌声为自己和同学的进步鼓掌！孩子们，再让我们用热烈的掌声感谢老师们和爸爸妈妈们对我们的帮助！

　　音乐，让我们滋养优雅的心灵；歌声，给我们传递美妙的艺术！来吧，孩子们，让我们唱响童年，在艺术的殿堂里发现美、创造美，乘着歌声的翅膀放飞梦想！

　　谢谢！

珍爱生命

顾笑颜

亲爱的老师们、同学们：

大家早上好！今天我国旗下讲话的题目是"珍爱生命"。

新型冠状病毒肆虐以来，我们已经在家宅了三个多星期了。对于我们来说，这是目前唯一能为抗击疫情做出的最大贡献——待在家里，切断传染源，避免被传染。这是对自己的生命负责，也是对别人的生命负责。

世间万物，唯有生命最为珍贵。一个人，如果没有了生命，那就没有了一切。可是，生命又是如此脆弱，面对突如其来的病毒，有多少生命就此逝去，又有多少生命岌岌可危。与那些不幸感染病毒的人比起来，我们是幸运的，因为我们没有被感染；我们是幸福的，因为有党和国家的全力以赴，有那些逆行的医务工作者、军人、警察、志愿者舍身忘我，冲在最前线。

生命对于每一个人来说都只有一次，没有什么比生命更宝贵的东西了。既然生命如此宝贵，我们就应该珍爱！既然生命如此宝贵，我们就更需要努力珍惜并造就每一个灿烂的今天，让我们的生命更有意义！

  法国著名作家蒙田在他的《热爱生命》一文中写道:"我想靠迅速抓紧时间,去留住稍纵即逝的日子;我想凭时间的有效利用去弥补匆匆流逝的光阴。剩下的生命愈是短暂,我愈要使之过得丰盈充实。"古罗马作家塞涅卡也曾说:"如能善于利用,生命乃悠长。"由此可见,珍爱生命的最好方式就是努力拓宽我们的生命之河,让它更充盈、更丰沛。那么,现在的我们宅在家里,可以做些什么才能不辜负这每一个宝贵的日子呢?

  我想,宅在家里,我们可以学着更好地自我管理,学会统筹规划自己每天要做的事情,科学合理地安排好每天的时间;宅在家里,我们可以更充分、更投入地去阅读,用那些优美、高雅的文字来武装我们的大脑;宅在家里,我们可以向书本、网络或家人学习一项技能,也可以尝试做一些平时想做但没有时间做的事情;宅在家里,我们拥有了更多反思自己的时间,我们可以思考前行路上的得失;宅在家里,让我们透过窗户,更清晰地放眼远望,想象一下未来自己的模样。让我们多一分安静,多一分思考,多一分自律。放眼未来,最重要的是做好当下。疫情总会过去,到那时我们再回望当下,又会做何感想呢?我们会说,那段日子,我虽宅在家里,但我心系疫区;我虽宅在家里,但我学会了关爱家人;我虽宅在家里,但我没有忘记读书、学习,因为我立志要成为像钟南山院士那样的人,一身正气,用自己的聪明才智为国家、为民族、为社会奉献自己的光和热。

  亲爱的老师们、同学们,让我们把珍爱生命的行动落实在每一天吧!让我们共同携手抗击病毒,努力提高我们的生命质量,让生命放射出耀眼的光芒!

第五章

研究与创新

数学的符号化思想

苏 平

[摘 要]本文论述了数学的符号化思想的形成和发展;侧重于数学本身,阐述了数学的符号化思想的方法论意义;最后提出了应在数学教育中重视符号化思想的渗透这个观点。

[关键词]数学 符号化思想 方法化意义

面对一个普通的数学公式 $s=\pi r^2$,任何具有小学文化程度的人都知道它表示圆的面积,无论他属于哪一个国家和地区。数学的符号化语言能够不分国家和种族到处通用。数学发展到今天,已成为一个符号化的世界,在这个世界中,处处都要和符号打交道。符号就是数学存在的具体化身。

数学的符号化思想及其发展的过程大致分为这样几层:①人们开始有意识地、普遍地运用符号去表述、研究数学;②研究符号能够生存的条件,即研究用怎样的符号才能简洁、准确地反映数学概念的本质,有利于数学的发现和发展,且方便于输入、印刷等;③数学符号经人工的筛选和改造,已形成一种共同约定的、规范的、形式化的系统（当然是发展中的系统），数学语言已成为一门具有抽象形式的符号化语言。

1. 数学的符号化思想的形成和发展

数学的符号化思想随着数学发展的需要逐步形成，而符号化思想的发展又成为数学发展和科学发展的重要推动力。

1.1 符号化思想的萌芽

从数学的早期阶段到17世纪以前，数学的符号化思想处于低级的萌芽状态。严格地说，在这个漫长时期里，数学与"符号化"是两回事，但对数学的需求为符号化思想的形成不断地孕育着条件。

这个时期的数学家虽然也零星创用一些符号来代替文字，但其思想总不能脱离具体的事和物。他们创用的符号大多数是和具体的事或物的形状有关系的象形符号。

以记数符号为例。埃及最古老的记数符号是象形的：用一根垂直木棍的样子表示1；用放牛用的工具轭的形状表示10；用形如卷起的测量绳的符号表示100等等。我国商朝遗留下来的甲骨文中的记数符号前4个是象形符号。古罗马人在文化发育的初期，用Ⅰ、Ⅱ、Ⅲ、Ⅴ、ⅤⅤ等符号分别表示1,2,3,5,10，这也是象形符号。如Ⅴ表示大拇指与食指张开的形状，后来，他们又将ⅤⅤ改成一只手向上、一只手向下的Ⅹ形，用拉丁文的缩码C表示100，M表示1000等。

阿拉伯数字在世界范围内的通用，标志着记数符号的开始。阿拉伯数字不仅脱离了具体的事和物，采用形式化符号来记数，而且体现了科学的"位置"思想，即位值制。例如，在十进制中，同一个数字在不同的数位表示不同的数，通过符号的不同排列来表示任意数。

这个时期的数学家还没有形成有意识地、普遍地用符号表述数学的思想。以代数的发展为例，17世纪以前的代数基本上是文字叙述代数和缩写代数。人们每提出一个数学问题和解决这个问题，其演算或推理等都用文字语言来表达,常常要写成一篇较长的论说文。不同民族、不同国家的人们用各自不同的文字对所要研究的数学问题作冗长而繁难的叙述。古代的数学文章中,即使有零星记号出现(如埃及的草片文书中,用一个人走近和走开的腿形分别表示加法和减法),也是偶然的、个别的、随意的。17世纪以前,对数学中经常出现的量和运算采用缩写的方法表述、自觉地运用一些符号以使代数的思路和书写更加紧凑、有效的人,只有希腊数学家丢番图。例如,他在著名的《算术》中用形如"$\triangle^Y$""K^Y""$\triangle^Y\triangle$""$\triangle K^Y$""K^YK"分别表示今天的未知数 x^2, x^3, x^4, x^5, x^6;用形如 M 表示"加",↑表示"减"等等。这种用记号缩写代数运算的思想,为后人的符号化思想奠定了基础。为此,人们把丢番图誉为代数学的鼻祖。

1.2 数学家开始有意识地、普遍地运用符号去表述、研究数学

从17世纪开始,数学家们的著作中出现了大量的数学符号,代数由缩写代数走向符号代数。

对符号代数的形成作出重要贡献的主要是法国的韦达(Vieta 1540—1603)和笛卡尔(Descartes,1596—1560)。韦达从古希腊的丢番图、荷兰的斯蒂文等名家的著作中,获得了普遍使用字母表示数的想法。他是第一个有意识地系统地使用字母的人,他在《分析法入门》中系统地使用符号表示已知数、未知数及未知数的乘幂等。韦达的符号代数的出现,使代数依赖于几何直观的地位开始逆转。

笛卡尔的符号化思想更进了一层。他第一个提倡用字母表中前面的字母表示已知量,用末后的字母表示未知量。他提出的许多形式化符号同现代的写法基本一致。例如,他表达的代数式"$x^3--9xx+26x--24\infty 0$"等价于今天的代数式"$x^3-9x^2+26x-24=0$"。代数中符号化思想的形成,使代数成为一门研究一般类型的形式和方程的科学,从而同单纯研究数学的算术划清了界限。

1.3 数学家们开始研究符号能够生存的条件

17世纪后半叶,数学家们不仅普遍地使用符号去表述、研究数学,而且开始研究用怎样的符号才能简洁地准确地反映数学概念的本质,并有

利于印刷、推广等。例如,在创建微积分的过程中,莱布尼兹的符号化思想已经发展到这样的水平:"应该使符号便于发现,这是因为符号简短地表示并反映事物的最隐秘的本质,那时就以惊人的方式缩短思维的工作……"他花费很多时间来选择富有提示性的符号,反复研究怎样用符号去简洁、准确地反映微分、积分的本质。1675年,他用"omn.l"表示l的积分。omn是omnia(所有、全部、总和)的缩写。同年,他在另一篇论文中又写道:"将omn.l写成∫更有用"(∫是sum的第一个字母的拉长)。他精心创造了$dx, dy, \int$等符号,这些符号首先在德国数学界得到承认,当时牛顿及许多英国数学家使用的符号是x, y等。两套符号的优劣争论了好些年,最后,数学界普遍接受了莱布尼兹的符号,并沿用至今,这正是因为他的符号体系反映了微分、积分的本质,且适于表示高阶导数和高阶微分,还可以由正整数阶推广到分数阶和负数阶。可见,表示同一数学抽象物的不同符号可能暂时共存,但最终总是最能反映数学抽象物本质的符号具有强大的生命力。在符号化思想的形成过程中,各种数学符号的演变、使用遵循着"适者生存"的规律。

1.4 约定的规范的数学符号系统的建立

17世纪以前,虽然各国的数学家在其著作中创用了许多数学符号,但基本上是随意地没有约定地使用,往往表示同一数学概念的符号有若干种。从17世纪开始,大量的数学符号一方面根据"适者生存"的规律,另一方面借助著名数学家的名声,迅速地成为整个数学界约定共同使用的符号。比如,17世纪以前,表示相等的关系符号有[, ∥, ∞, =等多种,其中"="号是1577年英国数学家雷科德首创的,但直到17世纪后半叶,"="号被牛顿、莱布尼兹使用后,由于他们的名声,加之"="号确切地表示了相等的含义,才成为数学界约定共同使用的符号。数学符号一旦经过数学界的约定,就具有规范性,不能随意改动。尽管现行的符号系统可能有不完善、不合理的地方,但只要相应意见没有被整个数学界所接受,人们就必须仍然使用统一规定的符号系统。这标志着符号化思想已成为一种约定的规范的体系,不再是个别数学家的随意想法。

17、18两个世纪里,数学的符号化思想逐步形成结构和谐的系统。这个系统由三个层次构成:基本符号的约定;组合符号的约定;公式符号的约定。基本符号就是表示单个数学概念的符号,如表示图形的符号△,⊙;表示已知量和未知量的符号 a,x 等,如果它们构成数学语言的"词汇",那么若干基本符号的组合可以成组合符号,它们表示较复杂的数学概念,形成数学语言中的"短语",如 $3×6, \sin x, \int_a^b f(x)dx$ 等等。如果组合符号再与 $>, =, \neq$ 等表示对象间关系的基本符号按照一定规则相连接,就构成公式符号,如 $3×6=18, \sin x=1, \frac{a+b}{2} \geq \sqrt{ab}, a//b$ 等等。公式符号已经不是表达一个概念,而是表示一个判断或者一个命题了。这样,由基本符号合成组合符号,进而连接成公式符号,若干个公式符号再构成数学中的演算或推理,数学的表述就实现了符号化。符号化的思想正是在这种符号间的内在联系与区别中实现其价值。

1.5 符号化思想的发展

19世纪,随着几何理论的形成和发展,符号化思想向着进一步抽象化、形式化的方向发展。比如,把符号 x 作为任意给定集合的变量,它不仅可以表示数,还可以有其他各种数学含义。在数学中它被放在允许填某个(无论哪个)确定的集合元素的名字的位置上。现代数学文献中将变量符号称为"位置保持者"或"位置占有者"。变量思想的发展,使数学能够更广泛地、更深刻地反映一般规律。

在现代数学中,符号化的思想已发展到令外行人难以想象和理解的地步。现代的代数学被认为是不加解释的符号及其组合法则的科学。几乎所有的数学表述用语,包括逻辑连结词、公理、定理、法则、概念等都已完全符号化。每个运算或推理,实际上就是一串长长的符号链,而数学研究者的工作就是把一个符号链变换成另一个符号链。

计算机科学和智能化的发展,不仅要求人们必须研究出一套电脑能够接受的符号化语言,使符号便于输入计算机;而且要求数学的符号化思想必须实现彻底的形式化,即运算或推理中的表述,完全用符号表示,每个步骤都具有纯粹机械操作的性质,这样才便于计算机程序设计。

数学的符号化思想随着数学的发展不断完善,不断达到新的统一。符号化思想的发展在形式上越抽象,在内容上就越具体、越丰富,越能深刻地反映客观世界的规律性。

2.数学的符号化思想的方法论意义

2.1 符号化思想推动了数学自身的发展

符号化思想对数学发展的推动作用主要体现在以下几方面。

2.1.1 传达数学思想

首先,符号化思想的实现,使数学家能够在共同的约定下,以规范的形式去表达数学思想。数学的发展表明,没有适当的符号系统,许多数学思想就难以简洁、准确地表达出来。如极限的思想、不同阶的导数、不同维度的空间之间的运算关系等,若是用日常语言去表达,结果是难以想象的。其次,符号化思想的实现,促进了数学思想的交流。不同国家、不同民族的数学工作者以共同的符号化语言进行交流,使数学能够迅速地发展。例如,17、18两个世纪里,符号化思想的形成,使数学著作能得到迅速地传播和交流,促进了各种数学教育活动的蓬勃发展。数学的各个学科,如三角学、解析几何学、微积分学、方程论、概率论等取得了辉煌的成就,进而又开创了高等函数、微分几何等新领域。

2.1.2 促进数学思维

数学语言所包含的信息量的大小,直接影响着数学思维的质量。符号化思想以浓缩的形式表达丰富的信息,大大简化了数学运算或推理的过程,加快了数学思维的速度。这一点,我们从文字代数与符号代数的比较中看得很清楚。今天十分简单的代数式$(10+x)^2=100+20x+x^2$,古代文字代数是这样表述的:"如果要求10和根自乘的结果,就要施以如下运算过程:10乘10等于100;根乘10等于10个根;10乘根等于10个根;根乘根等于平方。总之,这个自乘的结果等于100,20个根和平方。"符号化思想还排除了普通语言的含糊性和歧义性,使数学思维能够清晰、准确地进行。符号化思想的发展不断促进数学思维的一般化、形式化。例如,古代的数学著作基本上是若干具体问题的解题集,数学家的思维停留在算术水平上,对数学题是一题一题地处理。随着符号化思想的实现,数学家的思维上升为代数思维,对数学题是按其规律一类一类地解决,如研究方程就可以按其次数或按未知量的个数来分类研究。

2.1.3 创造新生命

美国数学史家D.J.斯特洛伊克说过:"合适的符号带着自己的生命出现,并且它又创造出新生命来。"符号化思想成为数学发展的推动力,这不仅体现于数学符号的量的积累,更重要地还体现了质的飞跃。数学家们不断借鉴原有符号规定新符号,进而创造出新生命。如哈密顿的四元数就参考了复数的符号形式。有时因为选择到合适符号,就导致了十分重要的数学成果,如行列式、矩阵等符号,最初是作为数学语言的改革和简化而引入的,但引入这些符号后,人们发现了更深刻的数学关系,建立了更重要的数学理论。

2.2 符号化思想促进了科学的进步

符号化思想的发展,使数学的应用更加方便、广泛和深刻。早在17、18世纪,就开始了科学数学化的过程。如1687年,牛顿在《自然哲学的数学原理》一书中,运用数学符号,通过严谨、简洁的逻辑推理,把力学定律逐个引申出来。在天文学方面,天文学家利用数学公式可以迅速、精确地算出行星的轨道;对数概念及其符号的建立,则进一步将天文学家从繁杂的计算中解放出来,促使天文学更迅速地发展。现在,不仅在自然科学中,而且在社会科学、思维科学、心理科学等领域中,数学的符号化思想都得到了广泛的应用。

3.符号化思想与数学教学

数学教学实质上就是数学语言及其思想的教学。在教学活动中,将问题译为数学语言常常表现为将自然语言叙述的数量关系或空间形式译为用数学符号连结的解析式或几何图形;反之,将符号化语言译为问题,就必须看懂抽象符号所反映的数量关系或空间形式,这就涉及对符号化思想及其数学符号的透彻理解。这种通过数学符号来"互译"的活动贯穿于数学教学的始终。因此,教师不能只把数学符号当作"一种规定的记号"简单地"送给"学生,而应当把符号化思想的教学渗透于数学教学的始终,以促进学生的数学思维能力的发展。

3.1 常用数学符号的分类

目前中学数学教材中常见的数学符号近500个,可分为以下几类。

3.1.1 元素符号

表示数或几何图形的符号称为元素符号。例如,阿拉伯数字;表示数的字母;用 AB 表示线段,∠表示角等;还有三角形符号△,圆的符号⊙等。

3.1.2 运算符号

常用的运算符号有:四则运算符号;乘方符号 a^n,开方符号 $\sqrt[n]{a}$;对数运算符号 log,ln,lg;集合间的运算符号 ∩,∪,\ 等;极限运算符号 lim;微积分运算符号 dx,∫等;还有命题的运算符号 −,∧,∨,→等。

3.1.3 关系符号

表示数、式、图形或集合之间的关系的符号称为关系符号。如等号=,不等号<(>),图形的全等符号≌等;表示直线、平面之间平行或垂直关系的符号∥,⊥;表示元素与集合间的属于关系的符号∈等。

3.1.4 性质符号

表示数或形的性质的符号称为性质符号。如正号+,负号−,等等。

3.1.5 结合符号

圆括号( ),方括号[ ],花括号{ }等称为结合符号。

3.1.6 约定符号

规定表示某种特定含义的符号称为约定符号。如 C_m^r 表示从 m 个不同元素中每次取 r 个元素所有不同的组合数;$n!$ 表示 1×2×3×⋯×n 等等。

3.2 教学中重视对数学符号实质的理解

数学概念是抽象的,符号又常常是概念的代表。这就要求教师在指导学生理解数学概念时,既要注意概念与实际对象的联系,又要注意概念与相应符号的联系,理解每个数学符号的实质。教师可从以下几方面指导学生理解和运用教学符号。

运用数学符号时,要注意避免错误的类推。例如,由 a,b,c 三数相等时可以写成 $a=b=c$,就类推出当 a,b,c 互不相等时可以写成 $a\neq b\neq c$,事实上符号 $\neq$ 不具有传递性,即不能由 $a\neq b$ 和 $b\neq c$ 推出 $a\neq c$。

运用数学符号时,要注意防止错误的连接。例如,不等式 $x^2-x-6>0$ 的解集是 $\{x \mid x<-2\}\cup\{x \mid x>3\}$,不能写成 $\{x \mid 3<x<-2\}$。遇到两个数学符号联合使用时,要及时让学生理解其实际意义。如"AB$\underline{\parallel}$CD"中的平行符号与等号的联合使用,表示合取,即"平行"与"相等"这两个条件要同时满足;而"$x\leqslant y$"中的小于号与等号的联合使用,则表示析取,即"小于"和"等于"中仅有一个成立。

运用数学符号时,要从透彻理解数学概念的角度区分不同类型的数学符号的实质。比如有的学生写出这样的错误等式: $\lg(a+b)=\lg a+\lg b$, $\sin(\alpha+\beta)=\sin\alpha+\sin\beta$ 等,从认知心理的角度分析,主要原因是他们受思维定式的影响,没有理解有关函数运算的概念,把"lg""sin"等运算符号误认为记数符号而套用了乘法对加法的分配律。

3.3 教学中重视符号化思想的渗透

数学的符号化思想是其他数学思想和方法的基础。只有掌握了数学的符号化思想,计算才能发生作用,形式的演绎体系才有灵魂。学生运用数学符号的能力,实质上反映其数学思维能力和对数学的精神、思想的理解水平。因此,教师应当根据不同的教学内容,有层次地渗透数学的符号化思想。

例如,初一学生在学习列方程解应用题时,教师应指导学生透彻理解算术思维与符号化的代数思维之间的本质区别。让学生认识到应用题的方程解法中蕴含的符号思想主要体现在三方面,①代数设想:假设问题已解,即未知客观存在,但假设它已求出,用字母代表未知数,且与已知数平等(若想得到更一般的公式化结果,将已知数也用字母表示)。②代数翻译 把自然语言表达的各已知条件和所求问题,译成以符号化语言表达的方程。③解代数方程:将字母看成已知数进行计算。

数学是一种文化,数学教育则是一种文化素质教育。让现代公民掌握数学的符号化思想,将使他们受益终生。

参考文献:

[1] 林夏水.数学的对象与性质[M].北京:社会科学文献出版社,1994.

[2] 张景中.数学与哲学[M].长沙:湖南教育出版社,1990.

[3] 张奠宙,朱成乐.现代数学思想讲话[M].南京:江苏教育出版社,1991.

浅谈如何提高小学英语教学的有效性

郏茂青

[摘　要]在英语课程标准中,要求教师合理利用各种教学资源,提高学生的学习效率。换言之,就是要求教师提高英语教学有效性。教师应把握好课前、课中和课后等环节,利用各种教学手段争取更好的教学效果,使学生不仅能收获知识、方法和能力,还能形成正确的情感态度和价值观。本文重点对如何提高小学英语教学有效性展开分析,并介绍相应策略,希望对提高小学英语教学质量有所帮助。

[关键词]小学英语　小学英语教学有效性　小学英语教学策略

英语作为全球使用最为广泛的语言,在中国无论是从应试的角度还是今后使用的角度,都备受中国家长青睐。学习英语的风潮在中国经久不衰,呈现出英语学习越来越低龄化和模式化的特点,很多时候忽略了其作为语言的本质功能。刚接触英语的学生,往往因为新鲜感而对这门课程感兴趣,学习积极性也会较高,但随着课程难度逐渐增大,越来越多的学生会因为语言学习的枯燥性而失去学习英语的兴趣,甚至最后很反感学习英语。因此,如何解决这种困境,帮助学生又好又快地学习英语,是每个英语教师都急需解决的问题。在《英语课程标准》的指导下,很多教师主动更新教学理念,不断改进自己的教学方式。他们努力开展好英语教学,课前备好学生、备好课,课上高质量实施教学,课后做好教学质量跟踪。因为只有有效的教学,学生才能收获更多知识,提高各方面的能力,形成正确的情感态度和价值观。基于此,本文将结合笔者的教学实践和最新的教学理念对如何提高英语教学有效性进行分析,并介绍相应策略,希望对提高小学英语教学质量有所帮助。

1. 要熟悉学生当前知识与能力现状,避免过高或过低要求学生

看似浅显的道理,想要真正做到并不容易。首先,学生的学习跨度很长,当前的任课老师未必能准确把握学生之前的所有已学内容;其次,学生的习得范围很广,除了在学校习得的知识,还有通过课外学习、自主学习习得的知识等;再次,即使对每个学生的学习都充分了解了,如何寻找一个平衡点以避免优秀的学生吃不饱、后进的学生吃不好,这也是很值得探讨的问题。关于以上问题,笔者有以下几点想法。

1.1 尊重教育规律,不进行"想当然"式的教学。在评课的过程中,常会有老师有如下言论,"我觉得这个很简单,所以没安排太多时间""我以为学生们应该会了"等等。而实际情况是,老师认为简单的知识对学生而言并不简单,老师认为学生应该会了的知识学生并未掌握得很好。本来一年级某节课的教学目标应该是围绕6个新单词开展教学,这符合学生当前的学习能力,但如果老师认为教6个单词太少了,非要再加句型训练,很可能这节课的效率就会大大降低。

1.2 在接新班前,全面了解学生的学习经历;在教新课前,全面了解学生的已学相关知识。笔者在教学"一般过去时"时,因已了解到多数学生在某课外教材上都学过该时态,便改变了教学计划。首先,课前要求没学过

这个时态的几个学生先行预习,预习后再单独辅导这几个学生,这样做的目的是课堂上他们可以和其他学生同步学习;其次,这节课的定位由新授课改为巩固拓展课,这样做的好处是既照顾到学生们的学习热情,又能让不同层次的学生都有所得。

1.3 通过各种手段了解学生真实的学习水平,学生学过某知识和学生真正掌握某知识有天壤之别。"现在进行时"这个时态在低年级朗文英语教材中出现过,同时也出现在中年级朗文英语教材中。在中年级时教学"现在进行时",教师可以课前先对部分学生进行简单的口头测试,看看他们对"现在进行时"的概念、句型结构等的掌握达到什么层次,以此来设定教学目标和教学方法。

2. 以人为本,认真准备课堂教学的每个环节

一节40分钟的课,一般会被划分为不同的环节,根据需要每个环节的时间长短不一。各个环节无论时间长短,都是一节课的重要组成部分,只有把各个环节的教学效率都提高了,整体的课堂教学才会更有效。所以,我们一方面要全面备一节课,还要重视每个环节的细节处理。笔者将以一节新授课的备课为例谈以下几点想法:

2.1 重视导入环节

导入环节往往只占3—5分钟,但却对一节课起着至关重要的作用,正所谓好的开始是成功的一半。一节课的导入如同一个故事的开头,教师要通过导入激发学生对这节课的兴趣,进而产生探索的好奇心,在这样的心理环境中学生的学习效率会更高。同样是教学表示在海滩上可做的事情的短语,有的老师一上课就直接呈现图片,让学生一个短语接一个短语地学习,而有的老师会用一小段视频或音频将学生们带入"在海滩玩耍"这个情景,并请学生用英文或中文讲讲自己的海滩游玩经历。很显然,第二种方法更能调动学生的积极性,他们会踊跃地谈论自己的经历,在此过程中要教的多数短语都能被学生的回答一一引出。

2.2 把握知识发生、理解和应用的过程

英语课程标准进一步强调学生的参与,要放手让学生亲历获取知识的过程,让他们在发现中获得满足,提高分析解决问题的能力,从而增强学习的自信。在设计Signs这课时,笔者先让学生自行寻找身边的标识,并课前画好4个标识上课时和其他同学分享。在分享的过程中,这课需教学的标识基本都能呈现了,同时因为是学生自行描述这些标识放置的地点及其作用,课堂活跃度、学生专注度都很高。学完课本上的标识,笔者又让学生接着思考"生活中还缺少哪些标识",并设计他们认为需要的标识。在此过程中,学生的学习主动性被充分调动,他们不仅能设计出实用的标识,还能充分说明这些标识存在的意义。

2.3 重视教学效果的检查

每节课的巩固阶段是检查教学效果很重要的一步,受众应该是全体学生,采取的方式要能高效地训练到大部分学生,如开火车读新单词、进行同桌对话等。此环节之后,任课教师应该对本节课基本教学目标的达成情况有初步判断了,这将决定需采取哪些后续教学措施。如学生的整体掌握情况不佳,就要考虑下一节课的安排是否该做出调整,同时对当天的作业安排进行调整;如部分学生的掌握情况不佳,就要考虑当天进行个别辅导了。

2.4 课后作业布置是提高教学有效性的重要一环

教师应精心设计作业,要重视学生能力发展、习惯培养,关注学生身心健康,不搞题海战术。作业不仅是巩固知识的平台,而且要成为学生应用知识的平台。对于难度较高的作业,对不同水平的学生的要求应有区别,要让学生既有动力又有信心完成。

3. 根据学生特点、课型特点等运用多种教学手段,设计合理的教学方法,提高课堂教学效率

备好的课,能得到有效的实施才是有效的课堂。随着多媒体技术的发展,教师们越来越倚重使用PPT、视频等教学手段开展教学,它们对提升教

学效果有一定益处。但从教学的本质来说,还是需要发挥教师的创新能力,结合更多样的教学手段以取得更佳的教学效果。下面重点谈谈以下几种有效的教学策略。

3.1 创设情境

人们在学习母语时并不需要设定语言环境,因为日常生活的每个场景都是习得母语的语言环境。人们会使用已有的知识去理解语言现象,并通过吸收或同化新知识不断地调整思维方式。而学习英语则不同,需要设定一定的场景和环境以构成语境,在设定的语境中营造应用英语的氛围。在购物情景里,中国的营业员一般说"请问你要买点什么?",而英语国家的营业员一般说"Can I help you?"。对学生来说,容易按照中文的思维方式来表达,如说"What do you want to buy?"这个时候,在课堂上创设一个购物场景,让学生在这个场景里模拟英语国家的购物过程,可以帮助他们更好地理解为什么用"Can I help you?",并能在较真实的环境中正确使用这个句子。

3.2 教师的有效指导

学生学习是在教师有效指导下逐步发展的过程,教师应该成为课堂教学中的组织者、指导者和促进者。教师有效的学习指导,应做到适时,即在学生最需要时给予指导;应做到适度,不要包办代替,也不要指导不足;应做到适合,要采取恰当的方法,因材施教。小学英语课上,最受学生欢迎的环节之一是 Role Play。要想高质量地开展 Role Play,教师先要做好充分的指导,比如对分组、时长、角色安排等提出具体要求。在学生操练的过程中,教师要巡视以了解每组的准备情况并做必要指导,对不同水平的小组可以提不同的要求,如鼓励水平高的小组增加自编的内容。

3.3 重视师生互动、生生互动

互动式教学模式将教师的指导作用和学生的自主学习愿望有机地结合了起来,使学生的学习从单纯的记忆、模仿和训练转变成交流、合作、探究等多种形式。这既提高了学生的学习兴趣,也能张扬学生的个性。这种模式强调的是师生间、生生间动态的信息交流,进而相互沟通、相互影响、相互补充,从而实现教学相长。英语作为一门语言,需要通过大量的口语表达以实现熟练使用的目标。所以,英语课上,不论是师生间的问答、探讨,还是学生间的对话、表演,都是必不可少的互动形式。同时,互动形式越丰富,也越能冲淡语言学习的枯燥性,激发学生的学生兴趣。

3.4 引导学生自主学习

新课标强调完善学生的学习方式,倡导自主学习。在教师的指导下,强调通过学生的自我发现去掌握知识,培养学生对知识本身的兴趣和热爱,使学生把语言的学习看作内在的需要,学生的角色从接受者变为探究者。在教学实践中,教师应鼓励学生主动参与、主动思考、主动创造,同时鼓励学生在学习活动中学会发现问题、解决问题,摸索适合自己的学习方法,积累有效的学习经验,以不断提高自主学习的能力。以单词教学为例,在高年级阶段已不需要逐个教授教材里的新单词,因为对学生来说部分单词或许已经学过了,或者他已具备自学这些单词的能力。这个时候,教师可以转变思路,引导学生根据自己的实际情况去自学这些单词,在课堂上把教新单词变成检查单词掌握情况,这样既能充分调动学生自主学习的积极性,也能保证教师充分了解学生的学习情况。

3.5 引导学生进行合作学习

教师为使学生达到一个共同的学习目标,可以对学生进行合理分组开展教学。合作学习是以学习小组为主体的一种学习活动,它有明确的目标导向,强调学习共同体中各因素的互动合作,注重对小组的团体评价。通过合作学习,让学生在民主平等的基础上和他人合作,发挥学生间相互鼓励、相互启发的积极作用,既能更高效地学习知识,又能内化学生的合作意识及协作能力。在英语学习过程中,需要学生合作的地方很多,如对话、课本剧表演、做小调查等等。所以,引导学生会合作很重要,这也是培养学生合作能力很好的契机。

4. 科学有效的课堂评价

小学阶段是英语教育的启蒙阶段,对学生英语学习兴趣的培养、英语学习自信心的建立等都起着至关重要的作用。都说小学生最听老师的话,老师的一言一行都会对学生产生各种各样的影响,课堂上的评价就更受学生重视了。新课标要求教师要树立教学评价以"学生的综合语言运用能力发展为出发点"的观念,敢于在教学中创新,真正做到在课堂教学中既是组织者、指导者,又是参与者,达到师生之间的互动和融洽,课堂气氛活跃,学生在没有压力的情况下掌握知识点和知识技能。笔者观就小学英语课堂教学评价策略谈以下几点看法。

4.1 掌握课堂教学评价艺术

根据儿童的心理特点,小学生学习英语会呈现不稳定状态,在不同阶段会有不同特点。因此,在运用课堂教学评价手段上,教师要根据学生阶段性差异变化,评价方式及评价内容要不断加以调整,保证他们学习英语的热情及自信心。教师课堂中的评价,要促使学生有参与的需要,有表现的欲望,不要压抑他们活泼好动的天性,同时教师还要关注学生的智力差异因素,在组织教学活动时,教师不仅要关注接受能力好、表现欲强、积极参与活动的学生,对于基础较差的学生,同样要加以鼓励,保护他们的兴趣和热情,从而让所有的孩子都能轻松愉快地学习英语,在活动中掌握综合运用语言的能力。

4.2 控制课堂教学评价范围

首先,教师要根据该堂课的主要教学任务,确定评价的主要范围。如果是以听力为主的课,就将评价的着重点放在对学生的听力评价活动上;如果是以口头表达为主的课,就将评价的着重点放在与交流相关的活动上。至于在以某种技能为主的活动中,对于需穿插的其他技能的活动,教师就不宜占过多时间都加以评价。

4.3 把握课堂教学评价尺度

教师对学生活动的评价,一定要简练、明确、到位,注重评价实效性,使评价起到画龙点睛作用。教师一方面要控制评价频率,避免使用过于烦琐的评价程序,占用过多的教学时间,延误课堂教学任务的完成,另一方面要防止评价流于形式。

4.4 综合运用多种课堂评价形式

我们可将课堂评价形式划分为教师评价、学生个体评价、小组群体评价三个方面,课堂教学评价可将教师、学生个体和小组群体评价三者结合起来使用。但评价的具体形式要根据每节课的主要教学任务选用相适应的评价形式,教师无需将所有评价形式都在一节课中体现。

4.5 及时进行评价反馈总结

评价反馈的目的就如新课标中所指出的:"使教师获取英语教学的反馈信息,对自己的教学行为进行反思和适当的调整,促进教师不断提高教育教学水平。"课堂教学评价是教师教学活动中形成性评价的重要组成部分,它反馈的信息量大,客观性强。教师及时将课堂评价信息进行反馈总结,并对其进行理论升华,然后再指导今后的教学,这对提高教师的教育教学水平有很大的帮助。

参考文献:

[1] 中华人民共和国教育部.英语课程标准[M].北京:北京师范大学出版社,2013.

[2] 朱晓燕.英语课堂教学策略——如何有效选择和应用[M].上海:上海外语教育出版社,2011.

初探小学生科学实验记录能力的培养

潘 蕊

[摘 要]根据小学科学新课程标准,探究实验活动在科学教学中占有非常重要的地位。养成实验记录的好习惯不仅可以激励学生更细致地去观察实验,还能提高学生分析问题的思维能力,让学生在课外进行迁移学习。在实际的科学教学中,教师通常重视学生动手实验操作,而忽略了培养实验记录方面的能力。本文根据教学事例,分析当前小学生在科学实验记录中存在的不足,并初步提出培养小学生科学实验记录能力的方法。

[关键词]小学科学 科学素养 实验记录

在小学科学课堂上,教师一直以保护小学生的好奇心为出发点进行教学。现在的科学课堂鼓励小学生亲历实验过程,去发现、去探究、去想方设法寻求证据。探究实验的过程中,学生们需要记录获得的数据或者实验现象。学生从实验记录中分析问题,归纳得出实验结论,掌握科学知识。有效的实验记录,可以帮助学生养成实事求是、严谨的科学态度,进而提升他们的科学素养。因此,培养小学生科学实验记录的能力显得非常重要。

1. 探究活动中学生参与实验记录的现状

课堂探究实验的方式有多种,例如教师分配小组,采用小组长负责制、学生自由组合、师生共同合作的方式。获得的实验数据通常是记录在配套练习册中的记录单上。目前学生在探究活动中参与实验记录的现状如下。

1.1 动手多过动脑

学生喜欢动手操作实验,有的会将实验当作一场游戏,享受动手的过程,但忽略了仔细观察并记录实验的重要性。实验结束时,没有完整可靠的实验数据或者实验现象来归纳总结出结论。

1.2 记录任务推给他人

在小组探究实验中,学生们都参与观察。记录的任务一般交给小组记录员。记录员勤于动笔,熟悉记录方式。代表组员汇报时,他们有更多的锻炼机会。长此以往,记录员思维能力超过组员,而组员得不到较好的锻炼。

1.3 实验记录内容与实践教学的不适应

课本中设计了许多有趣的实验并配以记录册。有的实验内容,在实践教学中会出现不适应的情况。例如测水温变化,配套的实验册是每五分钟测一次数据。准备材料、记录五个数据、制曲线图、汇报总结等环节需要一定的时间,课程的推进会比较紧张。为了能有效地在课堂中进行实验,教师需要将实验记录内容进行适当调整。

2. 实验记录的前提条件——科学地观察

培养实验记录能力要以科学观察为前提。只有用科学的方法去观察,才能获得真实的数据。

2.1 调动感官、善用仪器

教师要引导学生充分调动眼、耳、口、鼻、皮肤等各种感官进行观察。

用眼睛看颜色、形状等多种细节;用耳朵听声音的高低、音量的大小及音色;用嘴巴去尝食物的味道(在确保安全的情况下);用鼻子去闻气味;用皮肤去感受冷热、表面粗糙程度等。教师还可以教学生利用仪器获取实验数据。

2.2 明确观察目的并及时记录

学生喜欢做探究实验,尤其当实验材料较多的时候,情绪更高涨。教师应在实验前与学生明确需要观察的方面,带着目的去观察,会比盲目观察得到更多。实验过程中要及时做记录,以免出错。如在教授三年级《纸》一课时,我给每个小组准备了四种样品纸。学生要对比观察每种纸的透明度、吸水性、厚薄、结实程度,因此实验次数较多。有的小组在实验结束后才凭着记忆进行记录,容易出现错误。

2.3 有条理地观察

常用的观察方法有顺序观察法和对比观察法。

顺序观察法是指在实验观察中,学生要对观察对象进行有条理、有顺序的观察,可以按照从整体到局部、从上到下、由表及里等顺序。

对比观察法使用得较多,可以设置对照组和实验组。学生通过对比记录的数据,分析得到影响实验结果的因素。这样能更好地锻炼学生的实验设计能力和科学思维能力。例如教三年级《种子萌发的条件》一课时,学生设计探究实验,再通过对比得出结论(如表1)。

表1 探究种子的萌发是否需要适宜的温度

	实验条件	结果	结论
对照组	水、空气、常温	萌发	种子的萌发需要适宜的温度
实验组	水、空气、低温	未萌发	

3. 培养学生科学实验记录能力的方法

3.1 明确记录内容

在实践教学中,我通常引导学生明确实验的记录内容,主要包括记录对本课产生的疑问、记录实验方案、记录观察到的现象或者实验数据、记录得到的结论等等。教师也可以根据课程教学做相应的增补或者删减。

3.2 合适的记录方法

在有限的课堂中,如何能不仅做好实验,还要完善自己的实验记录,需要老师适时的指导。考虑到儿童不同年龄段能力的差异性,以及课程内容特点,教师可以指导学生用合适的记录方法。

3.2.1 图画记录

图画记录的特点是具体、形象、操作简单。在低年级段,学生尚处于培养动手和观察能力的阶段,其组织语言用文字表达的能力还不足,所以建议选择图画的方式进行记录。学生在画图时,只要能抓住主要特征即可。画图的方式也可应用于其他年级,例如三年级认识种子的结构、四年级养蚕一章,学生就可以将各结构画在记录本中,配以简单的文字介绍。

3.2.2 文字记录

文字记录的特点是能够培养学生语言表述能力,但是时间较长。在中高年级,学生的文字表述能力已有基础,能够较好地胜任这种方法。记录过程中,教师要指导学生不能长篇大论,要用精练的语言,抓住关键词进行表达。

3.2.3 表格记录

表格记录的特点是简明、清晰,能较好地对比数据。表格的制定和运用难度更高一些,需要学生有一定的统计思维。在中高年级,记录数据、对比数据时,较为适用。例如四年级《摆》一课,学生改变外界的条件,进行多次重复实验获得可信数据,再从众多实验数据中分析获得结论(如表2所示)。

表2 探究摆摆动的快慢与摆重的重量是否有关

相同的条件	改变的条件		实验结果(次/15秒)			平均值
			第一次	第二次	第三次	
摆长 摆角	摆重	轻	14	13—14	14	14
		重	14	14	13—14	14

3.3 实验记录要真实

学生记录数据一定要记录真实的数据记录，坚持实事求是的原则，不随意更改数据。如果与其他小组数据差异非常大，教师可以引导学生积极思考，对数据进行二次验证。例如在教三年级《把固体放进水里》一课时，老师准备了多把金属勺子，预测和实验结果都是沉入水底。但当时有一把勺子漂浮在水面上，学生在"沉与浮"的结论中摇摆不定。遇到这种情况，老师要引导学生积极面对实验数据中的差异，分析原因。

3.4 整理分析数据

在实验中，学生会得到很多数据，其中不乏一些无效数据，这就需要学生整理分析。例如教四年级学生认识热水的降温过程，记录温度数据并绘制曲线（如图1所示）。大部分学生得到的曲线如左图，但有一组得到了右图的曲线（实线）。有的学生会选择相信书本，将温度"优化"成想要的数据（虚线）。如果实验前教师引导学生坚持记录真实数据的原则，那么这次"意外"会成为非常好的分析机会。因为在测量降温趋势时，其他组的温度已从高温向低温变化，而该组水温比较高。此时温度计处于上升阶段，尚未达到最高温度，所以会测出一段呈升温的趋势，属于无效数据，可直接删除。

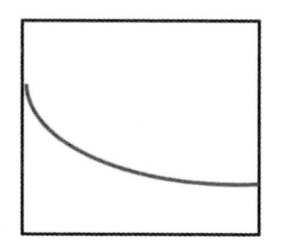

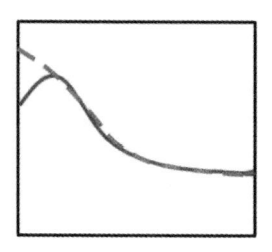

图1 学生记录的热水降温曲线

3.5 整理并展示实验记录本

在实验过程中,学生用文字、图表、符号、图画等方式将观察到的情况记录在记录本或实验单上。教师应当引导学生认真整理实验记录本,点评学生做得优秀的方面。根据小学生的特点,教师可以采用口头表扬或物质奖励的方式给以鼓励,并且在班级板报中张贴学生的实验记录本。

小学科学教师要根据学生的特点选择适合的记录方法,培养学生在探究活动中记录实验的能力。学生通过分析、整理自己记录的实验数据或现象,在思考中得出自己的观点,最终不断向课外探究延伸,提高科学素养。

参考文献:

[1]戴振华."儿童化"科学课堂的实践探索与反思[J].江苏教育·小学教学,2015(2):48-50.

[2]门素青.浅谈小学科学教学中观察能力的培养[J].关爱明天,2015(12):446.

[3]江丽娟.有效利用实验记录单 提高学生的科学观察能力[J].新课程,2014(11):1.

[4]孙淑才."做中学,做中做,做中育人"在小学教学中的探究与反思[J].课程教育研究:新教师教学,2013(31):134.

[5]宋书丽.从点滴开始培养学生的实验设计能力[J].北京教育(普教版),2013(12):72.

[6]高东辉.加强实验记录教学 培养学生综合能力[J].北京教育(普教版),2014(3):66.

[7]曾恒志,张力,任祖林.教学内容的优化与儿童科学素养的培养——以《沉和浮》单元教学为例[J].教育教学论坛,2013(48):89-90.

[8]刘屏莉.科学课巧用"意外" 培养学生的科学素养[J].科学大众:科学教育,2013(11):112.

[9]胡媛媛.浅谈小学科学实验数据整理分析的指导策略[J].新课程导学,2015(11).

[10]裘卫江.浅析如何指导小学生记录实验数据[J].教育界:基础教育研究,2011(14):153-154.

[11]蓝春玲.做好科学实验教学 提高学生科学素质能力[J].小学科学:教师,2013(6):214.

[12]江婉玲.在小学科学课中观察能力的培养[J].小学科学:教师,2013(8):191.

[13]秦利群.有效提升儿童科学素养的策略[J].小学教学参考,2009(36):107.

[14]马颖琳.在小学低年级开展科学教育初探[J].教育导刊,2013(5):94-95.

[15]赵春霞.有效利用实验记录提高学生的科学观察能力[J].小学科学:教师,2013(6):193.

"植物栽培"校本课程的开发初探

蔡贤美

[摘　要]"植物栽培"校本课程作为一门综合实践活动课,以发展学生个性、培养学生综合能力为出发点和终极目标。通过观察、实践、探究等形式,学生能够初步掌握栽培技能,充分体验种植的乐趣,激发其对自然科学的热爱,并在探究活动中培养创新精神。本文围绕该课程的教学目标、教学内容、教学的组织形式和评价方法几个方面进行阐述,以期形成一些可供借鉴的经验。

[关键词]综合实践活动课　植物栽培　校本课程开发

教育的出发点和根本归宿是让学生健康、和谐、全面地发展。《基础教育课程改革纲要》关于"综合实践活动"有如下阐述:"学生通过实践,增强探究和创新意识,学习科学研究的方法,发展综合运用知识的能力。"可见,综合实践活动十分强调学生通过自主探究发展综合运用知识的能力。近年来不少学校开设了形式多样的综合实践活动课,许多学校都有自己的试验田,开设了"植物栽培"这门课程,然而并没有形成明确的课程标准,更没有固定的教学材料。苏杰学校浦口校区自2015年起也开设了植物栽培选修课,在教学的过程中不断摸索和总结,形成了初步的课程内容。

1."植物栽培"校本课程开发的意义

1.1 践行学校的办学理念,丰富学校校本课程

苏杰学校一直秉持"更快乐、更健康、更优秀"的教育理念,以学生为本,探索最适合孩子的教育模式。在执行国家新课标的基础上,苏杰学校建立了二十多门高标准的校本课程,但是在种植方面却是一片空白。"植物栽培"校本课程是根据学校的办学理念和实际情况而开发的,能更好地激发学生的兴趣,发展学生的特长。

1.2 提供接触大自然的机会,丰富学生的生活经验

城市里的学生,接触大自然的机会很少,接触和观察各种植物生长发育的机会和时间更少。学生认识的植物种类很有限,例如:不知道麦子长什么样子,不知道花生生长在哪里,分不清大蒜和小葱,不认识很常见的植物等。开展植物栽培活动课,不但能丰富教学素材,还可以增加学生的生活经验。

1.3 能更好地开展探究性学习,培养学生的探究兴趣

新课程倡导探究性学习,鼓励学生自主探索,参与生命科学研究。但就实际情况来看,由于平时的课堂教学时间有限,培养学生的探究能力存在困难,学生还缺乏探究必备的创新与实践能力。开设"植物栽培"选修课为那些对植物栽培、对自然科学感兴趣的学生提供一个探究的机会,搭建了动手实践的平台。

2."植物栽培"校本课程实施策略

2.1 课程教学目标

学生对课程的设计感兴趣时,就会产生强烈的求知欲,才会主动地学习它、研究它,并且能持之以恒地研究下去。因此在尊重学生的兴趣与个性的前提下,确立了具体的三维教学目标(详见表1)。

表1 课程的三维教学目标

知识与技能	1.通过栽种植物,获得一定的植物栽培技能 2.通过实验探究,了解更多有关植物的科学知识 3.认识更多种类的植物,拓宽学生的视野和知识面
过程与方法	1.通过种植、养护、收割等活动,培养学生的观察、动手实践能力 2.通过探究、小组合作学习等方式,培养学生的策划、组织能力
情感态度与价值观	1.通过课程的学习,获得参与实践的体验过程,培养学生热爱劳动的情感,并懂得珍惜自己和别人的劳动成果 2.通过经历植物栽培整个过程,学生更具爱心、责任心,对自然、对生命、对科学充满兴趣 3.学生动手种植植物,为绿化、美化校园做出贡献

2.2 课程教学内容

结合学生的年龄特点和现有的教育资源,本课程确定如下的教学内容。

2.2.1 种植、养护、收割植物

根据季节选择时令的植物种植,具体种类如表2所示。

定期对栽种的植物进行养护,例如:拔草、松土、浇水等日常劳作,体验劳动的辛苦。植物成熟之后,学生收获、分享果实,体会"一分耕耘、一分收获"的含义。

表2 时令的植物种类

常见并可以食用的植物	1.春学期种植植物有西红柿、黄瓜、玉米、辣椒、红薯等 2.秋学期种植植物有大蒜、大白菜、萝卜、豌豆、莴笋、蚕豆、紫菜苔、油菜等
药用植物	种植薄荷、枸杞等
观赏植物	种植二月兰、凤仙花、格桑花、向日葵等
奇特的植物	种植含羞草、猪笼草等

2.2.2 植物人文类内容

如遇雨雪天气,老师组织学生在室内活动,设计制作种子画、叶子拼接画、叶脉书签、树皮拓印画,为校园里的植物设计铭牌,写植物生长日记等课程活动。

2.2.3 趣味植物实验课

利用植物的根、茎、叶、花、果实、种子开展探究小实验,例如,了解植物的蒸腾作用、植物的向光性、茎的运输作用(双色花)、种子发芽的秘密等;认识植物色素,三色堇中间黑色部分是否有其他色素,红色的叶子里是否有叶绿素;了解禾本植物,小麦、玉米是否会开花,所有禾本植物的茎是否都是空心;了解植物的部位,竹笋、土豆等究竟是植物的哪个部位。

2.2.4 植物小百科

表3 植物小百科知识

主题	教学内容
南京的野菜	认一认、尝一尝:马兰头、菊花脑、香椿头、芦蒿等
常见的行道树	辨认梧桐树、龙爪槐、栾树、银杏树等
神奇的植物	认识大王花、猪笼草、王莲、捕蝇草、猴面包树等,开阔学生的视野
常见的热带植物	认识多肉、空气草、独木成林等热带植物,了解其特点

2.3 课程组织形式

"植物栽培"课程实施的目的是以此课程为载体,对学生进行多方面素质的培养,而不在于培养学生植物栽培方面的专业技能,更不是为了教给学生很多关于植物栽培的理论知识。基于上述理念,本课程主要通过以下几种形式实施。

2.3.1 试验田种植课

在种植植物之前,老师讲解种植要求及方法,师生一起完成种植内容,如育苗、种植、收割等。对学生进行分组活动,原则是高、低年级混合搭配,形成合作小组,不同组负责指定区域植物的种植、除草、浇水、捉虫等养护活动。

2.3.2 小组课题研究

每学期开学之初,老师提供探究的课题,可以是趣味实验,如植物的根有什么作用,植物的茎有什么作用,种子萌发需要哪些条件,也可以选择观察记录一种植物的生长过程,还可以自己选择感兴趣的课题进行探究。

学生分组可以由老师为学生分好组(5—6人),也可以自由组合。每小组选择自己感兴趣的课题,在教师指导下设计探究方案,准备探究器材,通过查资料、实验等多种方式开展探究活动,汇报探究结果。

2.3.3 讲座

利用苏杰学校的节日,开展一些关于植物的科普知识课堂,或者邀请一些学生家长、专家举办相关专题讲座。

2.4 课程评价机制

评价是激发学生学习兴趣的手段之一,对学生的学习效果要给予多种形式评价。本课程主要采用以下评价方式。

2.4.1 课堂常规评价

根据学生每节课的表现进行常规评价——加章奖励,每两个星期计算一次得章总数。得章总数前15名,可以得到奖品,并得到一颗星,学期结束得星总数前10名的同学可以得到学期大奖。

2.4.2 作品展评

学生对自己栽种的植物做简单说明,让全队同学欣赏评价。学生的一些栽培作品直接用于美化校园,同时又作为成果展览,让全校师生欣赏评价。老师会用相机记录下学生栽培活动中的美好瞬间和优秀栽培作品,在学校校本课程成果汇报活动中或通过网站、公众号等途径向家长展示,让家长欣赏评价。

2.4.3 课题完成情况评价

学期末,小组长对自己选择的探究课题做简单汇报说明,根据课题完成情况,包括是否有清楚、完整的探究记录,是否能清楚地向全队同学进行讲解,师生共同评出优秀探究小组。

2.4.4 知识竞答

老师根据一学期的学习内容编制知识问答,设计一些自主性、开放性问题,如"选择感兴趣的植物,谈谈你对它的认识""为了更好地绿化校园,你有什么建议"等。

2.4.5 学期评价

学期的评价标准包含出勤率、常规表现、课题探究情况以及知识竞答等环节综合评定。

(1)出勤(30分)　　　　(2)常规表现(30分)
(3)课题探究情况(30分)　(4)知识竞答(10分)

等第:

优★:95分以上(含95);　优:90分以上(含90);
优-:80—89分;　　　　　良:70—79分;
合格:60—69分。

3. "植物栽培"校本课程开设以来取得的成果

3.1 培养了学生主动解决问题的能力

在栽培实践活动中,学生会发现许多问题,如为什么刚除过草的试验田里,过几天又长出了很多杂草,该怎样解决;如果想让种子快点发芽可以怎么处理等等。学生发现问题后,大多数能主动去解决问题,如通过请教他人、互相讨论、查阅资料等,相应的分析、解决问题的能力在潜移默化中提高了。

3.2 培养了学生的探究能力

学生根据自己的兴趣,选择自己喜欢的主题进行探究,并用文字或者绘画的方式记录下来。在学生主动实践和亲身体验的过程中,学生逐渐养成坚持观察、乐于探究的好习惯。

3.3 培养了学生的合作能力

"植物栽培"校队的同学是分组活动的,每小组有小组长、观察员、记录员、汇报员等。小组成员分工合作,各司其职,每个小组有一个探究课题,小组同学一起讨论、探究,提高了学生的合作能力。

4. 课程开发过程中存在的问题

4.1 学生的探究成果参差不齐

目前浦口校区只有1—4年级的学生,"植物栽培"选修课大多数是1—3年级的学生。由于孩子的年龄小,探究能力较弱,课程实施得到的探究成果参差不齐。例如,观察记录植物从一粒种子开始,生根、发芽、开花、结果等一系列的过程中,每组学生记录的情况有差异,有些小组能持之以恒地记录并且很详细,有些小组完成的效果不太理想。

4.2 一些探究主题过于空洞,完成效果差

课程实施之初,为了充分尊重学生兴趣,部分主题会让学生自主选择进行探究。由于学生能力有限,经验不足,课题选择虽新颖但略显空洞,实施起来存在诸多困难。久而久之,一些探究课题虎头蛇尾、草草结题,一些课题浮于表面、不见其里。

4.3 部分学生耐心、恒心、吃苦精神的培养有待加强

在刚开始学习"植物栽培"课程时,学生们欢呼雀跃、争前恐后,甚至有的学生开心得不想下课,有的孩子周末还要带爸爸、妈妈来参观自己栽种的植物。但随着时间的推移,一些学生兴趣变淡,耐心不足。特别是一些植物因养护不当出现萎蔫时,一些学生想放弃。还有的孩子不能忍受经常要拔草、翻土等养护过程的枯燥与辛苦,产生抱怨的情绪。

5.总结

我校的"植物栽培"校本课程刚刚起步,没有现成的经验可以借鉴。目前虽然获得一些成果,但离最初设定的目标要求还有距离。在以后的教学实践中,本课程要不断反思与探索,从中积累更多开发经验。

参考文献:

[1]严洁,申丽娜."生命科学拓展实验"校本课程开发的研究[J].上海教育科研,2009(5).

[2]刁益红.园艺校本课程开发的设计与实践[J].考试周刊,2011(85).

[3]伍修彦.校本课程开发:目标、内容与评价[J].新课程研究,2011(2).

[4]范蔚,赵丽.中学科技教育类校本课程开发个案研究[J].中国教育学刊,2011(1).

[5]华东师范大学课程与教学研究所.以校为本,因地制宜开发校本课程[J].基础教育课程,2011(1-2).

[6]杜清革.通过种植植物培养学生的观察习惯[J].课程教育研究,2015(10).

[7]刘桂兰.观赏植物在园林应用中的突出重点与展示多样性问题[J].承德民族职业技术学院学报,2001(3).

[8]童元根.科学教学中培养学生的观察能力的途径[J].中学教学参考,2009(5).

[9]刘凤.引种植物给我们带来的科学启示[J].大学科普,2015(2).

[10]周宇虔.由点及面温润渗透——浅谈小学科学课堂促进学生主动学习的几点做法[J].小学教学研究理论版,2016(6).

浅谈体育游戏对小学体育教学的影响

张　洁

[摘　要]体育游戏在小学体育课堂中的应用十分广泛,在创新体育教学方法、提升教师教学水平、培养学生学习兴趣、提高学生创新能力等方面具有积极的影响。不过,在运用游戏法的体育教学实践中也发现存在一些不利影响:①为游戏而游戏,忽视了体育教学目标;②组织不够严谨,教学效果不佳。本文结合体育教学实践中的一些案例,浅谈体育游戏对学生及课堂的积极影响和不利影响,使今后的体育课堂内容更加丰富、高效。

[关键词]体育游戏　教学目标　影响

小学生具有好动、好奇心强等特点,喜欢尝试新鲜事物,常以直接的兴趣作为学习动力,新课程标准中提出小学体育课程的基本理念包括"激发运动兴趣,培养学生终身体育的意识""关注个体差异与不同需求,确保每一个学生受益"等。游戏教学法作为一种重要的教学方法,在小学体育课堂中被广泛运用,对小学体育教学有着非常重要的影响。因此,在小学体育教学中,教师需善于运用体育游戏的方法,以游戏的形式,有目的地实施丰富多彩的体育活动,帮助孩子们在乐中练、玩中练,这是促进小学生身心和谐发展的重要途径。

1.体育游戏在小学体育教学中的应用

1.1 体育游戏在准备活动中的应用

准备活动是整堂课能够顺利、有效进行的重要保证。好的准备活动可以从一开始就调动起学生的学习兴趣和积极性,使后面主要内容的学习达到事半功倍的效果。传统的小学体育教学中,准备活动经常采用慢跑、徒手操、广播操等形式来热身,这样的准备活动让学生感到枯燥乏味,没有参与的兴趣。因此,我们需要在准备活动阶段运用体育游戏来调动学生的兴趣。比如可以将常规的慢跑创意性地改编为"红绿灯"[①]"喊数抱团"[②]"超级模仿秀"[③]等游戏,这样既达到了热身的目的,又调动了学生参与课堂的积极性,为本节课的学习打下了基础。

1.2 体育游戏在主要课堂内容中的应用

在体育课的学习中,很多学生喜欢运动,却对学习运动技能兴趣不高。如果老师安排统一教授运动技术,学生的参与性就很一般;如果老师将体育器材交给学生自行安排活动,他们的积极性、参与性往往会非常

---

① "红绿灯"游戏规则:场地上设置多个呼啦圈,学生在老师带领下进行慢跑。当听到老师喊出"红灯"时,学生就近进入一个呼啦圈,一个呼啦圈只能进入一名学生;当老师喊出"绿灯"时恢复慢跑;当老师喊出"黄灯"时可根据本节课学习内容做相应辅助练习,如单脚连续向前跳、双脚连续向前跳、后踢腿、吸腿跳等。

② "喊数抱团"游戏规则:学生在老师口令下进行慢跑,当听到老师喊出一个数字,如"2",那么就近的两名同学抱在一起,喊出数字几,就近几名同学就抱在一起,落单的同学有小小惩罚。

③ "超级模仿秀"游戏规则:学生在老师带领下进行慢跑,老师发出口令,让学生模仿动作,可以是体育运动,可以是小动物,老师确定主题,学生自行展开想象,也可以根据课的需要,跟随老师做的动作进行模仿,达到效果。

高。其实,这反映出了学生对传统教学方式的排斥,对"单向灌输式学习"的不自觉抵触。而游戏教学则在学习的过程中消解了学生的抵触心理,在无形中实现了运动与快乐的双重目标。

比如,我们学习跑步单元时,如果只是单纯地讲授跑步的要领或者比赛,无法调动学生的积极性,尤其是一些身体素质较弱的学生往往表现得不愿意参与或参与得比较被动。但是,如果我们将这个课程设计为"快递情报"[①]"移花接木"[②]等具有趣味性的游戏,也可以通过设置情景将学生带入游戏情节,再以小组形式来比赛,这样既调动了大家的积极性,又避免了个别能力较弱学生的尴尬。

学习长跑、中长跑是十分枯燥乏味的,几分钟的时间没有什么变化地做着同一个动作,而且对学生耐力素质有一定要求,学生往往不喜欢练习这个项目。但如果把耐久跑的练习改变成"叫号领跑"[③]"趣味测向"[④]等跑步游戏,孩子们会更有兴趣,更加愿意参与到耐久跑的学习当中来,还能在累的时候坚持,既提高了学生的耐力素质,又培养了学生的意志品质。

有时,体育游戏也可以作为本节课主要内容的辅助游戏来开展,帮助学生在游戏中、在玩乐中进入主教材或巩固主教材。比如:在教授二年级

---

① "快递情报"游戏规则:实际上是障碍跑,在场地上设置不同的障碍,让学生依次用正确的方法通过,熟练后障碍接力比赛。

② "移花接木"游戏规则:实际上是换物跑,在接力赛跑的过程中,将手持物与地上物品进行交换,以此类推。

③ "叫号领跑"游戏规则:分成3或4组,每组报号,学生记住自己的号码,在耐久跑过程中老师喊出哪个号码,对应的学生加速跑至排头进行领跑,领跑者带领本组可在不与别的组交叉、不破坏别组跑步的情况下在场地内有创意地跑,跑出不同的路径、形状,要合理分配跑速,顾及全组同伴体力情况,直到每位同学均领跑后结束游戏,老师根据学生身体情况调控耐久跑时间。

④ "趣味测向"游戏规则:分成3或4组,老师给每组安排一个任务,一个任务中有多个子任务,一组同学完成所有任务游戏结束,类似于定向越野,适合场地较大的学校开展。

变向跑技术时,我在准备活动结束后设计了"猜数字"[①]的游戏,这个游戏的目的是为了让学生体会不规则的变向跑,知道双脚内外侧的蹬地用力,知道怎样改变方向。这个游戏不但作用大,而且学生在参与的时候乐在其中,积极性非常高,对后面主教材的学习也起到了积极的影响。六年级在学习蹲踞式起跑技术时,需要学生达到起动迅速这个教学重点,集体练习时达到教学重点的效果并不好,而在安排学生做了"夺球大战"[②]的竞争游戏后,学生的积极性立刻调动起来了,为了夺到球得分,起动迅速的教学重点也基本达到了。

因此,在小学体育课堂中,体育老师如何结合具体教学内容来设置游戏形式,对提高学生参与度、增强教学效果具有非常突出的作用。

1.3 体育游戏在放松部分中的运用

在体育课堂结束阶段,很多老师并不重视最后的放松部分。也有的老师认为结束的阶段需要学生们安静下来,调整情绪,不需要安排游戏。其实,我们所提的体育游戏并不一定是欢快、激动的游戏,也可以安排一些舒缓、轻松的游戏,帮助学生以平缓、愉快的心情结束体育课。可以跟着音乐跳一跳放松操,操的内容也可以让学生自由发挥;可以带学生做一做小游戏,如"老狼老狼几点了"[③]"吹气球"[④]"我们都是木头人"[⑤]等。总之,放松部分的目的是让学生放松身心,将紧张的肌肉拉伸,防止受伤、酸痛。

体育教学在方法上相对于文化课更加需要体育老师在调动学生兴趣、

[①] "猜数字"游戏规则:两个学生一组,在1—2米范围内,通过脚步的灵活移动看见对方隐藏在背后的数字,同时又不让对方看见自己的数字。

[②] "夺球大战"游戏规则:两个学生一组,听到蹲踞式起跑口令后,立刻起动相向而行,错肩夺场地中间地面的垒球,夺到得一分;也可以增加跑步的距离,绕一圈后再夺球。

[③] "老狼老狼几点了"游戏规则改编:可在与学生对话时让学生跟随老师做一些放松、拍打身体的动作。

[④] "吹气球"游戏规则:实际上是游戏形式的深呼吸,学生对着手比画的"气球口"把气球吹炸。

[⑤] "我们都是木头人"游戏规则改编:在说儿歌时学生跟随老师一起拍打四肢,放松身体。

创新教学方法上不断探索。游戏法教学不仅需要贯穿在体育课堂的各个阶段,更需要体现在体育课程自始至终的细节之中。

2.体育游戏对小学体育教学的积极影响

2.1 创新体育教学方法,丰富课堂教学内容

创新,一直是教育工作者不断探索的重要课题。体育课上老师与学生的互动更为紧密,因此,体育课堂在教学内容的安排和教学方法的创新上具有更为灵活的形式。体育游戏对体育教学方法的创新具有非常明显的影响,最主要的原因在于小学生好动、对新鲜事物充满兴趣、喜欢竞争、对重复练习容易疲劳等特征,有利于体育老师在教学方法上有所突破,从而极大地丰富课堂教学内容。

2.2 提升教师教学水平,灵活有效地完成教学任务

在小学体育教学中运用体育游戏,对老师来说既带来了挑战,也提升了老师的教学水平。因为老师不只是简单地将教学内容游戏化就可以实现教学目标,更需要结合学生的实际情况来选择和设计游戏。一般来说,1—3年级的学生理解力还不够成熟,并且喜欢模仿,所以在备课时应该多考虑富有情节的游戏,并且游戏规则要简单,有利于小学生尽快掌握。如"播种与收获"[①]"攻城"[②]"快快跳起"[③]"运西瓜"[④]等。而4—6年级的学生则

---

① "播种与收获"就是换物接力赛跑。

② "攻城"游戏规则:分为2大组,听老师哨音后同时相向出发,两人相遇后利用"石头、剪刀、布"对决,赢的同学继续前进,输的同学返回本组,同时本组第二人第一时间跑出与赢的同学相遇、对决,以此类推,攻入对方城堡一人次得一分。

③ "快快跳起"游戏规则:分为3组,听到开始口令后每组第一名和第二名同学分别拿跳绳一端,依次让后面同学跳过跳绳,直至最后一名学生跳完,第一名同学站在排尾,第二名从排尾跑至排头,与第三名同学继续进行游戏,以此类推,速度快的获胜。

④ "运西瓜"游戏规则:分为3组,从排头开始可利用体侧、头上、胯下方式传递球至排尾,排尾同学跑至排头继续传递,以此类推,速度快的组获胜,也可增加距离进行游戏。

更加倾向于比赛类的游戏,通过在游戏中获胜来获得周围人的认同、赞扬及自身的成就感。如障碍跑比赛、跨越式跳高比赛、足球竞赛等。另外,老师在游戏的设计中,还需要考虑游戏所需要的场地、道具、人数等各种因素,这些都需要体育老师既要对教学内容和教学目标非常清楚,也要对各种客观因素有一定的把握。

2.3 培养小学生学习兴趣,实现体育教学目标

小学生往往比较活泼,但同时也表现出不能长时间集中注意力、容易受外界影响等性格特点。将体育游戏引入小学体育教学中,体育老师结合小学生年龄特点,设计各种运动型的小游戏,让学生充分参与到运动之中,这既能极大地调动学生学习的积极性,培养学生参与体育锻炼的兴趣,又在整个环节中,通过对游戏规则、角色以及过程的理解和参与,培养学生的团队合作意识;通过在游戏中角色的担当,增强他们的社会责任感;通过游戏中的互动与竞争培养学生积极、健康、向上的生活态度。因此,体育游戏在培养了小学生学习兴趣的同时,也实现了体育新课标的目标。

2.4 提高小学生创新能力,锻炼思维方式

体育游戏是一个需要学生身心智全方面参与的活动。在体育课堂中,多样的体育游戏能缓解学生文化课学习中的疲劳,同时也能极大地活跃学生的思维。因为,在游戏中涉及角色、规则、要求以及团队协作等因素,小学生参与其中既要身体上完全调动起来,也要在精神和心理上动起来参与其中,在丰富的游戏体验中训练自己的思维方式。尤其是在一些自主性较强的游戏中,小学生需要充分开动脑筋,创新自己的方法才能达到目标。而老师也需要在这个过程中,在讲清楚游戏规则和要求后,就把主动权交给学生,给学生充分发挥想象力和能力的空间,从而提高小学生的创新能力,锻炼小学生思维。如:在教障碍跑内容时,学会各种通过障碍的方法后,把时间交给学生,让他们创新放置障碍顺序,选择最好的顺序去取得胜利。再比如:学习耐久跑内容时,安排学生自己创新跑的路线,只要不与其他组相交即可,学生的兴趣很浓。总之,体育游戏作为小学体育教学的重要教学形式之一,其在趣味性方面有着突出的优势,同时也对体育课堂、老

师和学生等各个主体都具有非常重要的积极影响。

3.体育游戏在小学体育教学中的不利影响

当前,将体育游戏应用于小学体育教学中的课堂实践越来越多,但是在这些实践中,我们也可以看到存在一些误区,对小学体育教学造成了不利的影响。

3.1 为游戏而游戏,忽视教学目标

不可否认体育游戏教学法具有很强的娱乐性和趣味性,但这也容易造成许多老师在课堂中一味地突出游戏的趣味性而忽略了教学目标,从而导致在课堂过程中学生所掌握的体育技能非常少,再就是在游戏中为了追求轻松,运动的强度有所欠缺。小学体育课程应该通过体育教学培养学生体育锻炼的兴趣,增强学生的身体素质,锻炼积极勇敢的意志,围绕这些目标来展开。

3.2 组织不严谨,教学效果不佳

组织不够严谨是在小学体育教学中普遍存在的问题。比如,体育游戏时,在游戏规则、要求讲解的过程中花费了太多的时间,从而造成学生参与游戏的时间较少;或者在游戏过程中存在很多不连贯的地方,从而不断反复,浪费了太多时间,导致临近下课匆匆结束,没有进行很好的总结。诸如此类问题的实质是老师对游戏规则和过程的准备不够充分,对中间会出现的各种问题的预见及应对不够及时,对临时情况的应对以及对游戏的掌控能力不够,所以呈现出整个教学过程组织得不严谨,从而影响了整个教学效果。

4.总结

体育游戏在小学体育教学中具有广泛的应用。在小学体育教学中运用游戏教学法对体育课程、老师和学生都具有非常重要的积极影响。然而,近年来体育游戏在小学体育教学中的实践也存在滥用的情况,从而对小学体育教学造成了不利影响。从总体上来看,体育游戏有利于对传统体育教学方法的改进和优化,对增加小学生参与体育运动的积极性有非常大的推动作用。因此,体育游戏教学法还需要在体育老师的不断探索和学校教学管理者的大力支持下,不断在小学体育教学中实践、检验、调整和创新,从而为小学生未来的健康成长提供支持。

参考文献:

[1] 刘小强.简析小学体育教学中运用体育游戏的误区[J].运动,2013(5).

[2] 孙寅超.小学体育教学中运用体育游戏的价值及对策[J].当代体育科技,2013(25).

[3] 刘海军.浅析小学体育游戏教学[J].学周刊,2013(35).

小学美术作业的展示方式探究

王彩霞

[摘　要]小学生美术课上的作业是老师的教与学生的学共同活动的成果之一,是对学生在美术课堂上学习成果的必不可少的检验环节。本文根据小学课堂美术作业的形式,用展览、情境表演、应用等方式,多层次、多角度、全方位地对学生作品进行展示,让学生在作品展示中展示自我,收获快乐。

[关键词]美术作业　展示方式

《美术新课程标准》指出,"运用美术形式传递情感和思想是整个人类历史的一种重要的文化行为",要求学生在学习过程中形成积极的情感、态度与价值观。美术作业的展示方式和价值是提升更高效的教与学活动成果最有力的手段之一,它不仅有助于培养学生良好的个性品质,增进学生间情感和思想的交流,还可以为每一个学生提供展示自我、分享成果、获得成功的机会,促进学生对美术学习的兴趣,培养学生的比较、分析、判断、综合、审美等方面的能力,同时还可以帮助教师不断改进教学。作为老师就要善于思考,挖掘出更适合、更有效的美术作业展示形式。

以下是我根据已有的教学经验浅谈一下小学美术作业的展示方式。

1.搭建平台,多层次展示作品

作业展示最直接最普遍的方式就是展览式。教师只要提供一个空间——黑板或讲台,学生就有机会展示自己的作品。

1.1 展示每一个学生的作品,积极寻找、开创展示区域

美国心理学家詹姆斯说:"人最本质的需要是渴望被肯定。"对小学生来说,自己的作品被展示出来,就意味着作品被同伴、老师认可,从而产生成就感,树立自信心,积极地投入下一次创作活动中。所以教师不要吝啬那小小的一面墙壁,因为这对学生来说是展示自我的大舞台。教师应该把橄榄枝伸向每一个学生,让每个人都有机会展示自己并及时获得反馈,找到自己的闪光点,真正做到通过展示学生的作品来培养学生的自信心,也能帮助孩子一直保持对美术课堂的热爱。

展示区域可以设置长期的和临时的。临时的展区用来展示每一次的美术作品,而那些评出来的优秀作品则被展示在长期的展区里,这样学生们的兴趣就会得到提高,学习积极性也被充分调动起来了。例如,我在教授二年级美术《青花盘》时,在班级墙上设立了展区,每个学生都可以把自己的作品贴到展区内。学生觉得新鲜又有趣,争分夺秒地在纸盘上作画,构图、上色,一画完就迫不及待地把自己的作品贴到展区内。他们一边讨论最喜欢哪幅作品,一边享受视觉"大餐"。

每一朵花都有盛开的理由,每一件作品都有展示的必要,即使是没有完成的作品,教师也应当允许学生把它展示出来,让学生在对比中了解自己的不足,取长补短。

1.2 精心准备每一次展览

教师不仅要给每一个学生展示作品的机会,还要为每一次展览做精心

的准备。展示区域不仅要方便学生作品的展示,还要进行一些装饰,例如用墙纸做背景、花边装饰,把学生的作品以吸引人的方式裱起来。比如,在教授二年级《漂亮的纸杯花》中,我将学生完成的作品粘贴到布置在黑板上的小花园里,给了学生们很大的震撼。

不同的美术作品应该有不同的展示方式,如使用墙面、展示板等方式。如,我用绳子将二年级《小挂件》这节课中孩子们做的螃蟹挂件展示在教室两侧。当然,随着创作内容的变化,我也会随时变换里面的布置,力争每一次展示都尽善尽美。

1.3 在展示中传递信息

作品展示就是一种分享和相互学习的方式。如果把每个学生的作品都展示出来,学生就可以得到更多的分享;如果在班与班之间交流,学生的收益就更大了。

例如,在教授三年级《我设计的服饰》中,我发现三(2)班设计的服饰很美,但是风格过于统一,基本上都是水彩笔或油画棒涂色;而三(1)班的设计形式多样,但是内容过于粗糙,构图也不理想。于是,我把两个班的部分作业拍下来制成课件在两个班级里进行对比展示。在对比欣赏中,两个班的学生认识到了自己的不足,决定互相学习。后来,两个班的作业都有了明显改善。班与班之间的分享让学生的视野更加开阔,创作热情更加高涨。再比如,我在学校的展示栏设置了一块"优秀作品"的展示区域,从各班征集作品,孩子们热情高涨地认真准备着。到作品展出后,很长一段时间里展示栏前都围满了学生,他们大声讨论着自己喜欢哪个作品,哪里吸引人。这既是对学生作品的肯定,又利用校园展示的方式激励了学生学习美术的激情,还能当作一次小型画展,培养学生的审美情趣。

2.创设情境,多角度展示作品

《美术新课程标准》设置的"综合·探索"这一学习领域要求教师寻找美术的各门种类、美术与其他学科、美术与现实社会之间的连接点,设计出丰富多彩的"综合·探索"课程。通过创设一个与生活相关的情境,用各种材料制作小道具,开展模拟或表演活动,可以为学生插上想象的翅膀,诱发学生潜在的创造意识。

以美术活动为主,表演为辅,切勿喧宾夺主。情境式作业展示比一般作品展示要花更多时间,所以教师在课前要精心预设,合理安排时间。要注意的是,美术知识与技能的学习和美术创作才是课堂的主要任务,表演作为一种作业展示方式,只是教学过程中的一个环节,不要安排太长时间,以免喧宾夺主。

例如,在美术选修课《创意纸伞》中,我利用学期末的"学生评优大会"这个平台,让学生四人一组合作,以模特走秀的形式上台展示纸伞作品。这样创意的动态方式展示美术作品,让学生对美术课有了全新的认识。小作者们带着自己的作品展示既增强了信心,又给其他学生带来了美的感受,也宣扬了美术"综合·探索"的创新精神。后来,报选美术选修课的孩子也增多了。

3.联系生活,灵活应用

美术作业的应用性很强,尤其是"设计·应用"领域的作业。各种平面拼贴造型作品、陶艺等小装饰品可以装饰学生自己学习和生活的空间;设计制作的扇面、笔筒、玩偶、风筝等可以直接被应用。应用是一种特殊的作业展示,在应用中,学生了解了自己作品的价值,懂得了物尽其用的道理。

3.1 与生活相联系

将美术作品物尽其用比单纯地展示更有意义。剪好的窗花用来装饰教室,做好的笔筒直接放笔,看到自己的作品被应用于实际,学生的内心会无比自豪,自信心也随之增强。

例如,在美术选修课《创意笔筒》中,孩子们运用点线面装饰笔筒,完成的作品不仅让其他同学艳羡,还得到了老师们的一致好评。后来,我在家长的朋友圈中还看到了孩子在家使用笔筒的情景。

3.2 循环利用,节约能源

学生的很多作品特别是手工作品是可以循环利用的。教师要有意识地教导学生把完成的作品收集起来,等遇到合适的课型就拿出来运用。这样做,一来可以节约能源,避免浪费;二来可以循环展示,增强信心。

例如,在三年级的《纸袋子》这堂课中,我鼓励学生用在《漂亮的花边》一课中剪出的各种各样的花边来装饰纸袋。看到部分同学用以前做的花边装饰出漂亮的拎袋,那些没有收集花边的小朋友特别羡慕,而那些被展示的小朋友就特别开心。循环利用让小朋友尝到了甜头,他们说:"以后我一定好好收藏作品。"

4.网络式展示作品

网络平台为人们构建了一个广阔的学习、展示、交流的自由空间,它可以方便学生在美术学习过程中看到自己关心的作品和一些美术知识。美术老师们就要充分发挥网络教育手段,通过网络平台把学生的作业在网站上、博客里及时地展示出来,传递给有兴趣的人。

每个学校都有自己的网站与宣传手册,这就是一个很好的展示平台,教师应该帮学生积极争取这样的展示机会,把美术课堂的影响力扩大。比如,2016年学校制作新年台历时,就从学生们的美术作品中进行了挑选,很荣幸我带的班级有四幅作品被选上了,这些作品通过"台历"的形式流传到全校的学生和家长手里,这样的荣誉是非常难得的,一定会对这些同学有着积极影响,也从侧面激励其他同学要认真对待美术作品。再比如,学校公众号会定期对美术课堂进行报道,对一些好的作品进行展示,这些都是新兴的展示平台。当然,教师也应当做个有心人,随手拍下学生的优秀作品或是保管一些优秀作品,寻找合适的机会给这些作品展示的机会。

当然,作业展示不只是"show",教师要根据作品的形式合理安排展示方式,多提供给学生一个自我展示与肯定的平台,使每一位学生精彩展示、快乐收获!

参考文献:

[1] 少儿美术,2014(2).

[2] 中国美术教育,2003(6),2005(3).

[3] 中国教育学刊,2002(5).

[4] 中华人民共和国教育部制定.义务教育美术课程标准(2011年版)[M].北京:北京师范大学出版社,2012.

[5] 尹少淳.美术及其教育[M].长沙:湖南美术出版社,2003:122.

[6] 张小鹭.现代美术教育学[M].重庆:西南师范大学出版社,2002:58.

浅谈苏杰学校读书节活动的设计原则

徐 建

[摘 要]苏杰学校的读书节,内容丰富,形式多样,孩子喜欢,家长支持,活动效果显著,每一位孩子都亲历了活动的全过程,在阅读、表演、合作、创造中学习知识、体验生活、塑造人格、发展能力。活动之所以能够取得成功是因为它是按照一定的原则精心设计的:趣味性原则表现在活动设计符合孩子的认知特点,激发了孩子内在参与的激情;开放性原则表现为活动面向家长开放,学校的教师与家长、学生良性互动,资源共享,形成活动实施的合力;全体性原则体现为充分尊重每一个学生,活动设计满足了不同年级学生的需求;发展性原则体现在读书节的系列活动激发了孩子们的创造欲,强调把学生创新意识和创新能力的培养放在突出地位,使学生的知识、能力、心理和生理都获得了不断的发展。

[关键词]读书节 趣味性原则 开放性原则 全体性原则 发展性原则

苏杰学校在办学之初就建立了"苏杰节日"文化,每学期举办一个"苏杰节日",比如,举办过的节日有礼仪文化节、感恩节、科学节、音乐节、儿童诗歌节、童话节、文化艺术节等。苏杰学校的读书节,不同寻常,堪称全校师生的一场盛会。它的目标在于激发学生的阅读兴趣,引导学生建立良好的阅读习惯,教会学生掌握正确的读书方法,指导学生和好书交朋友。通过大量形式新颖的活动引导学生发展思维、拓宽视野、锻炼能力,最终使学生爱读书、会读书、读好书。它构思巧妙,内容丰富,全体学生积极参与。比如指导学生制订学期读书计划;让学生创作一句自己的读书格言;组织"和好书交朋友"主题班会、"我和书的故事"征文活动;开展家长参与的"智慧碰撞,亲子读书"活动;组织中高年级学生参加课本剧表演比赛;组织全校学生进行书签设计比赛;举办"苏杰学校图书跳蚤市场";组织"学生读书笔记本(含读书采蜜本)""书签设计获奖作品""优秀读书小报"展览活动等。

读书节中学生表现的学习热情,阅读好书留下的美好记忆,交换好书带来的分享快乐,闭幕式的汇报演出和同学们展现的才华与潜能,无不深深烙印在每位学生的脑海中,活动从头到尾都让学生体会到阅读的喜悦、参与的快乐与收获的充实。整个活动之所以取得优秀的效果,与组织者对活动内容的精心策划是分不开的。细细回顾,活动内容和活动形式在设计上遵循了以下原则。

1.趣味性原则

读书节活动的主体是学生,所有活动的设计都是以学生为中心展开的。学生的天性是喜欢玩,喜欢有趣的事物,喜欢在充满探究、充满快乐的氛围中享受学习的过程。一旦激发了自身内在的兴趣,孩子就会以全部的热情投入活动,并且充分享受活动的过程,而不是被动参与。所以,趣味性是不容忽视的。趣味性体现在活动形式的设计上多样、新颖,活动内容的设计既有益又有趣,活动的实施容易操作,活动的表达方式为孩子喜闻乐见。读书节各种活动形式之丰富让人难忘:轰轰烈烈的开幕式和"1—6年级朗诵大比拼""苏杰学校优秀文学、科学图书博览超市""故事大王比赛""课本剧表演"以及节目形式多样的闭幕式,都让孩子们兴味盎然。比如开幕式活动中的"相声中的成语"仍让人记忆犹新。相声的内容取自《三国演义》中的一个片段,相声演员在表演这个故事时,每一句话里都至少有一个成语,在正式表演之前,演员告诉台下全体学生注意听注意记,结束后把自己记住的成语告诉班主任,然后去换取读书卡积分。于是大家凝神静气、洗耳恭听,一听到自己知道的成语,就按捺不住激动,欢呼雀跃起来,整个会场气氛异常热烈生动,让大家觉得读书也可以变得很好玩。再比如"图书博览超市"活动,孩子们用自己在读书节活动中挣来的积分到学校"图书超市"上去"淘书",就像大人到"淘宝"上去购物一样,一旦淘到自己喜欢的书则喜笑颜开,甚至在好朋友中奔走相告,像发现什么宝贝似的。所有读书活动均遵循了趣味性这一原则,孩子们乐此不疲,在各种快乐的阅读活动中收获新知。

2.开放性原则

真正的教育是没有围墙的,是开放的。它的开放性在于向学生和家长提供更多的教育资源,提供更多的选择和可能性,也提供更多的参与机会。我们鼓励多种社会资源和家长参与进来,然后推波助澜,蔚然成风,让孩子沐浴在成长的乐园里。读书节活动设计的开放性源于这一灵感,为的是和各类参与者形成良性互动,获得更多的资源和支持,促使读书节各项活动得到有效的、富有创意的落实。开放性原则是基于读书节目标的定位,基于孩子的整体阅读发展水平,基于家长对活动的期望与支持,更是基于老师对此类活动的成功操作经验以及驾驭各类教育活动的充分自信心建立起来的。为了更好地体现这一原则,我们将读书节的目标及内容策划在网上公示,并请全校家长阅读签名,以期获得家长的理解和支持。我们还专门设计了家长参与的项目,比如针对家长的读书节有奖征文活动,家长和孩子亲子读书活动,参与学校教师阅读分享会。对于一些重要的活动项目,比如课本剧表演,期望家长给予帮助。最后,在读书节闭幕式上邀请全体家长前来观摩,让家长亲眼看到学校读书节举办的成果、孩子们的精彩表演,亲身感受参与学校活动的价值和重要性。这样的设计,让家长积极参与进来,他们把自己当作活动的一分子,参与各种活动,很多家长积极投稿,撰写自己的读书成长心得。他们帮助指导孩子,和孩子一起改编课本剧剧本,组织孩子排练节目,购买服装与道具。他们还在排练时给孩子画龙点睛的指导,并努力做到完美。读书节闭幕式上,有的家长还做志愿者,为闭幕式提供硬件帮助,甚至登台演出,和孩子们一起享受参与的快乐!开放性的活动设计,让读书节活动变得更丰富,也更精彩。

3.全体性原则

全体性原则指的是活动设计面向全体学生,活动的形式与内容符合孩子的年龄特点,使不同年级的孩子能参加最适合自己的活动,并获得最大的收获。为了更好地体现这一原则,读书节设计了很多共性活动与特色活动。共性活动面向1—6年级学生,特色活动则针对部分年级的学生。共性活动有开幕式、图书博览超市、学生优秀作品读书分享会、智慧碰撞—亲子读书、读书征文活动、每人持有读书卡兑换积分、每日阅读经典活动、闭幕式等,特色活动有故事大王比赛(1—5年级)、制订读书计划(3—6年级)、成语竞赛(4—6年级)、课本剧表演(3—5年级)、编辑整理个人作品集(2—6年级)等。共性活动,学生参与面广、气氛热烈、活动效果好,比如开幕式、闭幕式,全校孩子均参与了朗诵大比拼活动,青青校园因充满声势雄壮的读书声而显得更加美丽。有的活动还会提出不同的要求,比如"图书博览超市",根据孩子们带来的供交换的图书特点,按各年级学生阅读水平摆放,活动时以年级为单位进行,各年级孩子均能选到自己爱看的图书。特色活动充分考虑不同年级学生的认知水平,设计最佳的活动形式。比如"课本剧表演"活动,专门为3—6年级的孩子设计,因为这个年龄段的孩子已有一定的思维能力、组织能力和表现力,对他们而言,"演一台戏"已不费什么力气,而且兴致很浓。后来的闭幕式上,孩子们表演的课本剧《秉笔直书》《包公审驴》,无论从人物形象的塑造、台词的编写与表达,还是道具与服装的设计及现场的演出效果,均可圈可点。

4. 发展性原则

发展性原则指通过读书节的系列活动,激发孩子们的创造欲,特别强调把学生创新意识和创新能力的培养放在突出地位,使学生的知识、能力、心理和生理都获得不断的发展。譬如,开幕式上"相声中的成语"和孩子们互动的形式,是孩子们从未体验过的。"人人书写读书格言"让孩子们有机会大胆创作自己的读书感悟。"我为孩子诵经典"活动中,每位语文教师利用早读课与语文课中的少许时间为学生朗读经典作品片段,让孩子体会经典的魅力,并学习朗读的技巧以及如何成为一名优秀的朗读者。读书节积分卡,引入激励机制。书读得越多,积分就越多,孩子们可以利用积分去兑换心仪的奖品。课本剧表演的主要演员都是通过"海选"产生的,有兴趣的学生均可获得参与的机会,而参加闭幕式演出的剧本也是经过评选产生的。读书节活动中,很多节目策划稿都是孩子们的原创,比如相声"如此学习"、开幕式与闭幕式的主持稿、课本剧的编剧等都是孩子们在老师的指导下亲手动笔写出来的。"读书节征文中",孩子们把阅读带来的美好感受娓娓道来。绘画比赛中的作品更是想象丰富、用笔大胆,体现很强的创造力。课本剧表演的小演员在理解原著的基础上,大胆展现人物的性格,率性表演,效果令人称道。在出版个人作品集方面,各年级同学更是用心编纂整理,无论在装帧设计、文稿选择和编辑美工方面,都体现了不一般的创意,让人既羡慕又佩服。总之,孩子在各种活动中投入积极,不仅身心愉悦,而且展现了非凡的创造才能,收获了形式多样的创造成果。

苏杰学校读书节活动给全校师生带去的心灵撞击不会简单地画上句号。活动强化了孩子们愉快的阅读体验,增进了同学之间的深入交流,加深了全体家长对读书重要性的认识。丰富的活动也让学生见识了各种有效的读书方法,充分感受到阅读的乐趣。英国著名散文家培根在《论读书》中说过的经典妙语依然能让我们回味无穷:"读书使人充实,讨论使人机智,笔记使人准确,读史使人明智,读诗使人灵秀,数字使人周密……凡有所学,皆成性格。"我们相信,孩子们经过读书节活动的熏陶和洗礼,在未来的学习生涯中一定会养成良好的阅读习惯,掌握更有效的读书方法,不断拓宽自己的视野,在书香的陪伴下越走越远。

参考文献:

[1] 刘明.活动的力量[M].上海:上海教育出版社,2018.

[2] 顾书名.小学课程设计与评价研究[M].苏州:苏州大学出版社,2016.

[3] 弗·培根.人生论[M].何新,译.北京:华龄出版社,1999.

浅论苏杰学校优秀教师文化的建设

苏　平

[摘　要]建设优秀的教师文化是办好一所学校的灵魂。本文主要从"优秀价值观的建立、教师发展文化、绩效管理文化"等几个方面阐述我们所进行的研究和实践成绩，并提出了进一步的思考和研究方向。

[关键词]教师文化建设　价值观　教师发展文化　绩效管理文化

人最核心的美德是拥有"大爱"。苏杰人在"教师宣誓词"中宣誓：用挚爱和智慧创造最适合学生的教育。苏杰人所说的"大爱"是一种富有社会责任感的大爱。勇于担当责任，富有爱心、富有智慧地做教育，才能把每一位学生培养好。因此，必须拥有一支优秀的教师团队，而苏杰学校教师文化的优秀首先应体现在拥有优秀的价值观和理念，并用最优秀的理论指导脚踏实地地行动，用最优秀的行动力来一步一个脚印地实现办学目标。

1. 建立优秀的教师文化建设价值观

社会主义核心价值观包括"富强、民主、文明、和谐；自由、平等、公正、法治；爱国、敬业、诚信、友善"——这是我们立德树人、建立优秀的教师文化建设价值观的指南。

1.1 做人第一

1.1.1 立德

我们边学习、边探索，在实践中形成了《苏杰学校师德规范》《苏杰学校教师宣誓词》等文件，要求教师为人师表、严谨治学，拥有优雅的礼仪、良好的情商和高尚的品德，并定期组织教师学习文件，为教师开办"教师礼仪"等讲座。

我们从四个方面立德树人，打造更优秀的教师团队：培养勤奋阅读、善于思考的求知精神；培养师德优秀、儒雅大气的美丽精神；培养精益求精、刻苦钻研的科学精神；培养积极改革、勇于创新的研究精神。培养教师的五个好习惯：阅读、研究、精细、创新、优雅。

1.1.2 培养勤奋阅读、优雅做人的学者型教师

当今社会，许多人每天拿出较多的时间刷手机、看手机中的碎片信息，而没有时间阅读优秀的纸质书。我们认为，优秀的纸质书，是一个国家、一个民族不可缺少的精神食粮，而教师是最需要认真阅读的，因为教师肩负着培养学生健康成长的重任。要办成中国最优秀的私立学校，苏杰人首先得成为勤奋阅读的领跑者。

因此，我们将阅读活动制度化，并将教师的阅读质量纳入绩效评价中。教研室每学期制定计划，组织优秀教师为全校教职工推荐必读书目，每学期至少召开一次全校读书分享会。全体教师每一个月撰写一篇读书笔记，人力资源部每一个月组织一次优秀读书笔记的评选。

1.2 "质量优先评价"薪酬观

1.2.1 尊重每一位教师、员工，尊重每一位教师、员工的工作成果，促进

每一位教师、员工的成长,为全体教职工搭建更优秀的发展平台。

1.2.2 教育强则中国强。苏杰人应富有爱心、拥有社会责任感,为祖国基础教育的发展、为把苏杰学校办成中国最优秀的私立学校、为自己和家人的幸福而不懈努力。

1.2.3 质量优先,绩效优先,兼顾公平,按劳分配。在各项细节中,优先评价工作质量和绩效。

1.2.4 分配、晋升的主要依据:担当责任,态度认真,胜任岗位。不论资排辈,"用挚爱和智慧创造最适合学生的教育"的奉献者定当得到合理的回报。

1.2.5 追求苏杰学校薪酬文化的可持续发展,不断建设更优秀的苏杰学校薪酬文化体系。

1.3 注重"仪式感"

"仪式"一般指一个组织对一件事情或者对即将开始的一项工作经过精心策划而举行的一个隆重、规范、优雅的庆祝性活动,或者是开启式活动。我们是培养学生健康成长的教育工作者,"仪式感"的建立就显得尤为重要。"仪式感"将使一个人更自律、更优雅。

每一位新教师入职,人力资源部专门组织新教师在国旗和校旗下庄重地举行"苏杰学校教师宣誓"。每一个月,各个部门为本部门的教职工举办一次"生日聚会"。开学前,不仅举办学生开学典礼,也举办"苏杰学校教职工开学典礼"。我们每一个月举行一次"月度教职工评优颁奖仪式",每学期还隆重地举行"苏杰学校教职工评优大会"等。

1.4 儿童教育观

1.4.1 重视人文教育、科学教育、艺术教育的统一和谐;重视人格塑造与智能培养的统一和谐。

1.4.2 将每一位学生当作自己的亲人。尊重学生,以学生为本。让教育方式、活动的设计、课程设计等能适合学生的发展。

1.4.3 培养学生具备优秀的情商、品行;培养学生养成优秀的学习和生活习惯;培养学生掌握科学的学习方法和思维方法;培养学生拥有勤奋思考、乐于探索的精神,引领学生求真、求善、求美。

1.4.4 建立人性化、科学化的教育评价体系

A.评价的内容。强调全面性、综合性和发展性,更多地关注对孩子多方面发展潜能、发展趋势的研究和评价。让每个孩子都有成就感。

比如,我们不仅评价学生学习结果的正确性,还重视对孩子学习过程的评价(如收集资料的方式、方法,解题的思考过程等);对孩子学习态度、好习惯培养等非智力因素的评价;对学生参加音乐会等各项活动的评价等。

B.评价技术和方法。将量化评价和质性评价结合起来。

量化评价:除了对学生学科学习成绩的量化评价以外,还有对学生进步幅度的量化评价、对学生参与活动的量化评价等。

质性评价:表扬和评奖、表演、评语式评价、作品展示等。

2.建设优秀的教师发展文化

我们希望营造一个充满关爱、互相尊重、以人为本的人性化环境;一个认真做学问、用心研究细节的学术环境;一个敢于挑战自我、不断进步、追求卓越的学习环境。我们正在建设一支研究基础教育的领跑者团队,我们希望团队的每一位教师和员工,都富有爱心、敬业博学、善于合作、善于研究,将自己从事的教育工作看作一门艺术,努力做学者型的教师。

2.1 高效、精细化地开展工作

高效、精细、满意度高——是衡量一个组织机构运作水平的重要指标。

在每一天的工作中,我们强调智慧合作和团队共赢、分工不分家、互相扶持;强调执行力、务实和效率,能减少中间环节则减少中间环节;强调开会则必须有效解决问题,能站着开会则站着开会。

2.1.1 组织结构

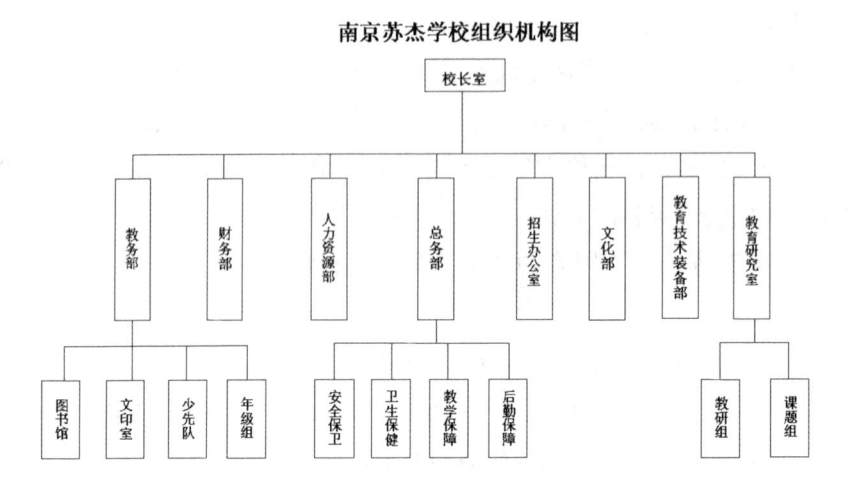

南京苏杰学校组织机构图

```
                            校长室
     ┌────┬────┬─────┬────┬──────┬────┬─────────┬────────┐
    教务  财务  人力   总务  招生    文化  教育技术    教育
    部    部   资源   部   办公室   部   装备部     研究室
              部
     │              │                         │
  ┌──┼──┬──┐   ┌───┼───┬───┐              ┌──┴──┐
 图书 文印 少 年级  安全 卫生 教学 后勤         教研  课题
 馆  室  先 组   保卫 保健 保障 保障         组    组
        队
```

2.1.2 岗位说明书

"岗位说明书"是教师文化建设的一个重要方面。我们强调：教师的每一项工作都是做学问，须严谨治学，以研究为出发点做好每一项工作。因此，我们为每一个岗位(教师、班主任、年级主任、教研组长、部门主任、副校长、校长等)设计一份岗位说明书(即岗位要求和岗位职责)，并根据岗位说明书进行评价和评优。

2.2 对工作计划的管理

我们一直坚持要求班主任、年级主任、教研组长、部门干部等于开学前制订新学期工作计划，并坚持定期交流分享工作计划和工作成绩，研讨如何改进工作，检查计划的执行情况，并评选优秀工作计划。

为了制订出确实可行的工作计划，我们对教师进行培训，指导教师学会制订计划，并将教师的成长资料纳入"教师成长档案"。

2.3 量身定做有效的教师培训

多元化、个性化的培训是送给教师的最好的福利，我们从以下几个方面对教师进行培训：一是师德与学校文化培训；二是学科教学与研究能力培训；三是学生工作培训；四是非教学专业培训；五是学校管理培训。2017年，我们进一步制订了"苏杰学校骨干五年国际研学培训规划"。

3.发展人性化、规范化的绩效管理文化

我们认为,人力资源工作及绩效管理的核心价值观是:将每一位老师当作自己的亲人,走进每一位老师的心灵,激励老师的创造活力,关心每一位老师的发展。

3.1 为每一位教师建立"成长档案"

我校人力资源部于2010年成立,我们边实践边进行理论研究。2017年,我们开始为每一位教师建立"成长档案",从教师的岗位工作、参加培训情况、月度绩效评价、获奖记录、职称评定等各方面,进行跟踪和动态性的记录,并及时帮助教师改进不足,促进更大的进步。

3.2 动态地提高"月度绩效评价"质量

根据教职工的岗位类别,我们分别设计了《校级干部月度绩效评价表》《中层干部月度绩效评价表》《非班主任教师月度绩效评价表》《班主任教师月度绩效评价表》和《行政职工月度绩效评价表》,每月对教职工的工作情况进行一次绩效评价,及时表彰和改进不足,并提出下一个月的进步目标。

3.2.1 建立优秀的评价体系

教育不是机械化生产,教师是学生健康成长的人生导师,肩负着培养学生优秀人格和学习能力的重任,教师的思想和学生交流等许多工作是无法量化的。绩效评价的主要功能不是甄别,绩效评价的目的是促进教师发展,我们应当强调绩效评价的发展性功能,强调评价主体的参与与互动,注重对评价内容、评价方式的研究。

例如,注重对过程的评价。既然绩效评价的目的是为了促进教师发展,评价人员就应当重视在过程中多和老师谈心,开展教研活动,通过过程评价及时调整或改进。

我们主要从评价目标、评价内容、评价方法等方面来不断打磨评价体系,致力于优秀评价体系的建立。

3.2.2 动态发展的评价方法

根据教师的工作任务及其性质，我们将评价分为"质性评价"和"量化评价"；从完成任务的纵向来看，我们将评价分为"过程评价"和"终结性评价"。例如，关于作业批改的评价，我们从随机抽样的10本作业本中，评价某位教师批改的正确率（量化评价）。

关于评价人，一是每一位教师对自己的工作进行自评（例如，教师每一个月撰写一份教学质量分析）；二是部门领导对组内成员进行评价，教师的教学工作由教研组组长负责组织评价；班主任等学生工作由年级主任负责组织评价。

3.3 月度评优和学期评优

3.3.1 标准的制定

2003年，我校开始实施教职工学期评优制度。实施前，我们经过充分的学习与研究，出台了一份《苏杰学校教职工学期评优标准》。"标准"的基本理念是：不论资排辈，没有名额限制，按标准进行评比。在实践中，我们不断地对"标准"进行研究和改进。

3.3.2 不断优化评优体系

在"教职工学期评优制度"实施取得了很好成果的基础上，我们及时制定了《教职工月度评优标准》，增加了"教职工月度评优"。从工作量、工作质量、出勤率三个方面对教职工一个月的工作进行评价和开展评优活动，每一个月举行一次评优颁奖活动。

评优的目的是促进教师发展，让每一位教师都能不断地进步，不断提高工作质量。因此，教研室、教务部和人力资源部联手合作，定期让业绩好的老师和大家分享自己的成果。

关于教师文化的建设，我们还有很大的进步空间，例如，对许多不能量化的教师工作，如何对教师的敬业精神或工作成绩等给予及时的肯定和奖励？如何利用智能化软件促进优秀绩效管理文化的建设？如何将绩效管理的重点放在过程中积极地和老师交流，帮助每一位老师更快地成长？如何根据岗位对教师进行个性化的专业性培训？我们将不忘初心，认真做学问,用心建设更优秀的苏杰学校教师文化。

参考文献:

[1] 吴晓波,约翰·彼得·穆尔曼,黄灿,郭斌,等.华为管理变革[M].北京:中信出版社,2017.

[2] Ellen Weber.有效的学生评价[M].国家基础教育课程改革"促进教师发展与学生成长的评价研究"项目组,译.北京:中国轻工业出版社,2003.

关于在校本课程中增设财商课的思考

乔立瑞

[摘 要]一个科学的、具有前瞻性的课程体系是学校的核心竞争力之一,同时也是对孩子的未来进行科学引导的重要战略举措。本文对小学阶段开设财商教育课程的可行性进行了分析,阐述了校本课程体系中引入财商教育的重要性,对课程的设计思路、课程内容,以及理论与实践课的结合方式等进行了深入的探讨。

[关键词]财商教育　课程体系　实践教学

苏杰学校一向高度重视学校课程体系的研究和创新改革,长期致力于人文教育、科学教育、艺术教育的和谐统一,这是全体苏杰人一直继承的优良传统。经过基础教育专家苏平校长和张杰董事长以及课程研发团队十八年的悉心研究和不断探索,我校已经形成了比较完善且综合性较强的校本课程体系,这正是苏杰学校的核心竞争力之一。

1.财商教育的重要性

随着社会发展,财商与智商、情商已经并列为个人三大不可或缺的能力。然而,受传统思维方式的影响,家长往往会困惑:如果孩子从小就对钱比较敏感,认为钱很重要,形成这样的"价值观",岂不可怕?小学生开设财商课程是否会影响主科学习?孩子拿到钱会不会乱花,学坏?孩子小的时候,家长只重视孩子的学习,其他事都不需要孩子们操心,需要花钱,父母倾力给予;等孩子到了初高中,家长会担心给孩子的零花钱会不会用于打游戏、上网吧或其他不正确的花销上,又担心如果不给孩子钱,会不会逼孩子用不正确的方式获取,等长大成人了,孩子没有意识到钱的来之不易,没有形成正确的"金钱观",又担心孩子肆意挥霍,或赚钱能力不足……为了避免这些问题的出现,有效地引导孩子形成正确的价值观,作为民办学校的领跑者,我们可以考虑开设相关课程,从小培养孩子的财商,培养其正确驾驭金钱以及独立生存的能力。

具备财商不仅是一个成年人综合能力的重要评价指标,而且是人生规划能力的重要体现。从认识、驾驭金钱到金钱的合理规划,从赚钱和理财到科学投资都是财商教育的重要内容。我们应该从小让孩子们学会认识"钱",并能合理、科学地"用"钱,为孩子的未来做好充分的准备工作。

2.财商教育课程的内容

2.1 财商的定义

财商,简单说是一个人与钱打交道的能力;说专业些,是一个人认识金钱和驾驭金钱的能力,更是一个人在理财方面的智慧。它包括两方面的能力:一是正确认识金钱及金钱规律的能力;二是正确应用金钱及金钱规律的能力。

2.2 财商教育课程的目标与教学方式

我们可以把小学阶段划分为低年级(一二年级)、中年级(三四年级)，以及高年级(五六年级)。对于低年级孩子而言，钱对于他们还是比较抽象的，所以教学目标是让孩子们认识不同国家、不同币值的钱币，了解钱的用途，可以考虑在游戏中认识钱，可以通过模拟商店、角色扮演等形式在主题游戏中学习使用钱。对中年级的孩子而言，目标是让孩子们感受金钱的价值，并简单了解货币等价交换原理，可以结合系统的课程体系学习，引入模拟商店买卖过程和模拟银行储蓄等方式。而高年级的主要目标是培养孩子对金钱的应用能力以及解决实际生活困难的能力，可以直接设计主题讨论，让其在实践中学习。(见表1)

表1 不同年龄段财商课程的教学目标以及教学方式一览

年龄段	教学目标	教学方式
低年级(一二年级)	认识不同币值的钱币，了解钱的用途；培养孩子认识金钱的能力	游戏；模拟商店和义卖活动实践
中年级(三四年级)	感受金钱的价值和简单了解货币等价交换原理；培养认识金钱规律的能力	模拟商店买卖过程和模拟银行的储蓄
高年级(五六年级)	培养金钱的应用能力以及解决实际生活困难的能力	主题讨论；任务实践探讨

2.3 财商教育的课程体系

以中年级学段课程为例，根据该年龄段课程设置的主要目标，课程的内容设计如下：

(一)经济原理；

(二)消费；

(三)经济习惯；

(四)零花钱；

(五)储蓄与投资。

每个部分可以分五章内容，例如经济原理章节，需要介绍货币、等价交换等基本概念，帮助学生理解货币面值、钱的价值；在消费章节，可以讲解为什么要有市场，如何定价格？为什么要有批发市场和商店？为什么有人要生产、有人要消费,东西为什么要流通?什么是必须买的?什么是合理需求?目前有什么支付方式?在零花钱章节,可以介绍压岁钱该怎么用,钱破损了怎么办,钱有寿命吗,如何节约,如何再利用,和孩子们讨论还有哪些途径可以赚取零花钱,如何合理规划使用零花钱,如何合理使用存钱罐和罚钱罐。面对零花钱消费,如何记账?除了消费,零花钱还可以储蓄和投资,什么叫储蓄?如何储蓄?什么叫投资?如何投资?万一家里失火了,钱一夜之间没有了怎么办?引出保险的概念,为什么要上保险?……

第一部分经济原理,首先介绍各种基本概念,比如什么叫货币,什么叫财务,什么叫等价交换等。平常我们认为很抽象的概念,可以通过一个个故事来解释,举例说明。

小熊三兄弟需要一个新房子,因为他们的身体一天比一天高大,旧房子显得越来越窄(想要某种东西就叫需求,需求是进行经济活动的最初始念头)。三兄弟为了寻找盖房子的材料就需要动脑筋啊,但是兄弟三人采用了不同的方法准备材料。老大自己用斧头砍下树木;老二到砖厂替别人工作换回了砖块;老三则用蜂巢到铁匠铺交换得到了锤子和锯子。小熊们为了盖房子所寻找的材料就叫作财务。当然获得财务的方法很多,有像老大一样靠自己劳动得到的,有像老二用工作代价换取的(为了得到某种东西而工作的情况叫劳务),还有像老三用自己的东西和别人进行交换得到的(以物换物)。把看似抽象的东西在故事中讲解,孩子们会了解到获得财务的最基本方法,进而逐渐引出商品和价值的概念。

再举例说一下货币。人们在用钱进行交易之前,都采用以物换物的方式。为了便于孩子们理解,同样可以采用故事的形式阐述。小黄的妈妈生病了,她想到集市抓药,但家里只有黄豆,药店老板不想要黄豆却想要盐,怎么办?就需要一次一次和不同的人进行交换,最终换回想要的东西。这样的方式有很多弊端,一是浪费时间,有可能等换回想要的物品的时候,妈妈的疾病已经很严重;二是不方便,需要经常提着很重的东西跑来跑去。后来人们就想如果能用一种通用的东西充当交易的物品,那岂不是更方便,于是有了盐、贝壳、铜钱等充当交换物品,这样人们就不用每次带着很重的东西跑来跑去,只需要拿着贝壳就可以买到自己想要的东西,这就是货币的雏形。之后的课程中,可以重点讲述为什么要"等价"交换。

如何面对压岁钱或零花钱是当今社会孩子们普遍面临的问题。我们可以在讨论中,引导孩子们把钱分成三部分或放在三个储蓄罐里面:一是"需要罐",主要用于日常开销:如公交地铁费用、餐费、书本费;二是"想要罐",让自己的欲望得到满足:如零食、玩具等;三是"储蓄罐",把闲钱储存起来或进行投资。第一个罐子一般占到总额的比例不超过50%,主要是生活的日常消费。如何能够合理地应用?需要孩子们学会看账单,做购物计划,培养理性的消费观念;第二个罐子所占比例可以不断调整,起初可以设置比例低一些,如孩子想要游戏机、玩具,我们可以教孩子设置"目标与礼物",完成小目标获得小礼物,攻克大目标获得大礼物,这就是在逐渐培养其延迟欲望满足时间,通过孩子的自控力表现可以逐步提高这部分的比例;第三个罐子可以占到零花钱总数的40%,让孩子建立自己的银行账户,或储蓄或进行投资(这里的投资可以巧妙地让父母充当一定的角色,例如交给父母保管,半年后利息是多少?一年后利息又是多少?如果存储的过程中突然急需,则利息没有……父母充当了投资机构的角色)

相比枯燥的概念、原理讲解,这样的故事教学法或角色扮演法比较易懂,同时能较好地激发孩子们的兴趣。

2.4 财商课程的实践教学

2.4.1 模拟商店

在经济学中一个非常关键的内容是经济规律的应用。交易是比较典型的沟通行为,为什么要交易?因为有需求。在哪里交易?需要有交易的场所,比如市场或商店。如何交易?需要涉及钱或其他交易方式。如何证明交易成功?那么交易就需要有账单,就会引出钱该如何规划,消费后如何记账等。这个模拟商店可以作为中年级理论课后的实践环节,需要老师做一些主题情景设计,把理论知识用到实践中。

同时这个模拟商店还可以作为低年级孩子的游戏场所。例如,一、二年级的孩子们在学习数字,以及加减乘除法时,如果孩子只能看着课堂黑板上堆积的数字和符号,他们的兴趣必然会被逐渐打消,因为枯燥抽象的数字很难激发孩子的学习兴趣,同时也很难驱动孩子们的内在动力。如果转化为游戏类活动——到商店买东西,则不仅涉及"物"的概念,还能促进理解数字的实际意义,孩子算账的过程中会逐渐找到数字、货币、实物之间的关联,必然会逐渐培养等价交换、分类、比较等多种数学思维能力。

模拟商店具体开展模式可以考虑采用主题活动导向方式,比如,前两周商品集中是蔬菜、食品,接下来是学习工具展示,再下周是生日蛋糕、聚餐类别等。货品以模型为主,可以考虑反复利用,同时还有一个模拟的收银台。不同类别的货物我们可以采用模拟货币"收购"的方式进行,把孩子们用过的玩具物品进行低价收购,然后重新定价摆在柜台。这个环节不仅可以让孩子们的"废物"得到利用,还可以降低我们购买实际物品的成本,同时提高了孩子们的积极性,增加了后期开展物物交换、定价交换购买等环节的实际操作性。

2.4.2 主题探究

谈到主题活动,对于高年级的孩子而言,他们的课程设计以主题活动为主。寒假即将来临,很多家庭都会制订每年外出旅游的费用计划。假设这个假期我们预期在外旅游一周,预算是2万元,整个行程应该怎么设计?对于这样的主题,孩子们会很感兴趣,因为他们最希望利用假期放松自己。所以孩子们理所当然会当整个计划的筹划者。从旅游的景点、住宿、交通、食物和娱乐等方面做预算和安排,同时要考虑整个旅途中可能出现的风险和突发情况,例如行李丢失、航班取消或健康不佳等。这样的主题设计不仅能锻炼孩子的整体筹划能力、金钱预算能力、行程规划能力、风险预测和控制能力,而且很多经济学的规律在旅行的过程中都会出现,真实的生活正是财商教育最好的实践环节。

还有比如我们要举办春游活动,每个人只给15元,如何合理地准备必需品,这也是理财和消费内容很好的应用案例。例如有的同学只考虑买吃的,有的考虑除了吃还需要买水,还有的除了以上考虑外还配备了安全药品,然而有的只准备了糖,或许是他想到大家都喜欢吃糖,到时候可以用糖换取别人的食物……一个简单的活动,里面包含了很多的经济学常识。在实践活动中学习,是财商教育非常重要的一方面。

2.4.3 模拟银行

当孩子们有了多余的钱时,就必然会想到,钱放在哪里?这就涉及钱的储蓄和投资,可以考虑开设一个模拟银行。每个孩子有基础"货币",可以存储到银行,为了每次合理地消费就需要做计划,取钱,然后做账单,还可以借钱给别人。

有的家长或老师认为从小学开设财商课程太早,从小让孩子满脑子是钱,是不是不太好;或者在学校只要好好学习,成绩优异,长大自然而然就会赚钱了……其实这样的观点比较狭隘,父母不应只是局限于学术知识的教育。财商是一个人走入社会必须具备的能力和素养,学习财商课程不仅不会把孩子培养成一个见钱眼开的人,反而会让孩子从小就明白真正的经济价值、交易行为,并帮助他们孩子形成科学、健康、合理的金钱观。很多数据显示,小时候从未体验过"健康消费"情境的孩子,长大后更有可能成为"月光族"或"守财奴"。

3. 结语

综上所述,在小学阶段开设财商教育课不仅在理论上是急需的,而且在实践上是可行的。除了在原有的体育技能、人文科学以及艺术素养培养方向外,财商教育课程需要尽快加入校本课程体系,进一步增强我校的核心竞争力。

参考文献:

[1] 新校长——论核心素养,第二册.

[2] 严顺富.幼儿财商教育[M].杭州:浙江教育出版社,2011.

[3] 高长梅、张采鑫.培养孩子财商的故事全集[M].石家庄:花山文艺出版社,2009.

日本研学之旅

[编者按]2018年7月底至8月上旬,苏杰学校骨干教师一行开启了为期9天的日本研学之旅。老师们从关西的大阪、京都、奈良一路来到首都东京,参观了东京大学和奈良国立博物馆、京都国立博物馆、江户东京博物馆、科学未来馆、东京国立科学博物馆等种类各异的博物馆,还访问了大阪舞洲垃圾处理厂,到东京本所防灾馆、索尼公司总部、日比野幼儿园等地进行了体验和学习。通过研学活动,老师们对日本的文化和教育有了更深的了解,对自己的教育教学工作有了更多的思考。在此,选取了几位老师的随笔思考。

景蓓蓓:日本之旅,没有一丝不悦,有的是各种惊叹:惊叹于日本国民的整体素质之高,99.9%以上的国民达到高中毕业水平;惊叹于日本政府在环保方面所做的努力,尤其是对垃圾的处理:大到垃圾处理厂的分类处理、废物利用,小到每个家庭垃圾如何处理、如何分类摆放,而这些也是孩子们在幼稚园阶段的一门必修课,就像咱们中国的孩子学习吃饭、走路那么寻常;惊叹于日本的交通工具、马路街道的一尘不染,就连垃圾车和货车上都是那么干净,闻不到任何异味;惊叹于日本各种行业给顾客周到的服务:那种发自内心的笑容,适中的音量,得体的服饰,遇事时始终耐心的解释——就算语言不通,仍然努力借助肢体语言或是英语等辅助交流,让顾客真的有种瞬间成为上帝的感觉;惊叹于酒店、博物馆和公园等公共场所各种设施(尤其是洗手间)的多种语言的使用说明,方便游客顺利使用,真的有种宾至如归的感觉。

刘滢:关于日本教育的特色,我们在日比野幼儿园的参观中感触颇深。走进这所并不大的幼儿园,首先感受到的是开阔和敞亮,孩子们随时可以看到彼此、看到屋外,室内与室外并没有明显的界限,整体设计也很朴素简单。园长和设计师向我们介绍:这样做的目的就是让孩子们多亲近自然、亲近彼此、多接触这个世界。在平时的教学中,他们也特别注重让孩子积累各种各样与实际生活有关的经验。在幼儿园里随处可见人性化的设计,比如小小的专门为幼儿设计的洗手间和洗手台;走廊上可爱小巧的阅读屋;内含柔软材质可供孩子们爬进爬出的通道等。在参观和交流中,我们还感受到了幼儿园对孩子们独立生活能力和社会意识的培养,比如户外铺满了柔软但很容易灌入鞋子中的细沙,恰恰让孩子们学会了自己穿鞋;比如墙角的分类垃圾桶、小盒子里收集起来的瓶盖、一本本旧书让孩子们学会了环保和废物利用;比如各种各样的混龄活动,让小孩子有了自己心中的榜样,也让大孩子学会了照顾他人,培养了集体意识。在日本的学校里,知识的学习固然重要,但身体的锻炼和综合能力的培养才是最重要的。日本的家长也特别注重培养孩子独立自主的能力,日常生活中只要孩子能做的事绝不代劳。

侯婧:在日本游学的9天中,我们不断感受到极富特色的传统文化与先进的科技带来的互相补充与和谐。既要保护、继承经典的传统文化,也要着眼未来、寻求先进的科技发展,已成为日本社会的共识。在日本的各类风景名胜中,可见到历经千百年而保存完好的古建筑。古城京都、奈良等地并没有因为旅游业的兴盛而过度开发,至今仍有悠悠唐风。以博物馆为例,奈良和京都的国立博物馆中保存了许多唐代时的精美木雕以及古代的美术、工艺作品。江户东京博物馆则用实景体验的方式全方位地展现了江户时期的文化和生活,让人们仿佛穿越到了那个相隔已久的时代。除此之外,像茶道这样历史悠久的文化至今仍有人在传承和发扬,在现代化的今天仍有着蓬勃的生命力。与此同时,日本社会积极追求和大力投入技术研发和革新,为的就是能在未来引领世界的潮流,而且很重视将其与儿童教育相结合。在索尼公司总部,老师们体验了其为孩子们开发的Koov可编程教育机器人项目,这一有趣、易上手的设计深受孩子们的欢迎,也为学校的机器人课程改革提供了新的思路。在国际比赛中,机器人设计还融入了对防灾、家庭陪伴等社会话题的思考,非常有价值。在日本科学未来馆,"地球环境与前沿科学""技术革新与未来""信息科技与社会""生命科学与人类"这四大板块中诸多的体验项目拉近了每个人与科学之间的距离,更可贵的是整个馆的主题设计中都渗透着对地球和全人类未来命运的思考和关怀,让孩子们从小就有了全球视野和人文关怀的意识。

陈燕:说到日本人的谦卑好学和厚积薄发,我更多的是敬畏。在日本的电车上,一半的民众随手捧着书在阅读。在这里,就连家庭主妇们也会努力考取各种执照,随时为重返职场做准备。我们的导游——一位在导游行业从业多年经验丰富的40多岁的职场女性,刚考下了医药翻译执照,还随身带着考其他执照的书籍,随时学习、充电。他们在电子信息技术、医药科技领域等方面的研究,瞄准的是20年以后的市场。正是因为谦卑好学,才蕴藏了无限的能量。待到厚积薄发的那一天,无法估量他们又会对世界格局产生怎样的影响。

我此次研学从日本带回的,是谦卑好学的态度,是热情诚信的为人之道,是关注环境和世界发展的大局意识……在今后的工作和生活中,我会把这些影响传递给身边的人。

徐德兰：参观了日本科技馆、展览馆、索尼等高大上的地方，我们才知道什么叫真正的先进。首先，未来的交通工具中会出现许多新面孔，如可以在路上跑、在水中游、在天上飞的水陆空三用汽车（我们已经看到了可以在水里和陆地上两用的船只）；其次，未来的交通工具都是智能型的，将普遍安装卫星定位系统，因此安全性大大提高；第三，未来的交通工具采用各种新型材料，乘坐会更舒适，速度也更快；第四，未来的交通工具将采用新型环保能源，不污染环境。日本还有很多方面值得我们学习。

人工智能与基础教育

人工智能将如何影响教育？请分享几位老师的思考。

我很期待,因为人工智能可以替代教师日常工作中那些机械的、重复的、单调的、烦琐的工作,让老师腾出大量的时间和精力来关心学生的心灵。但是人工智能永远替代不了教师的全部工作,因为教师面对的是有血有肉的生命,是一个生命唤醒另一个生命;教育教学是一种艺术,艺术是无法替代的。从这个意义上说,教师工作更活了,要求会更高,仅有学科知识就不够了,更要有人文情怀。

——夏建萍

智能,一个时代的崭新话题。当人类步入智能生活常态化的同时,也接受着更大的挑战与更好的机遇！一种崭新的教与学的智能系统,已在一些高中与初中实验教学中发挥着突出的作用。智能大数据分析,能对每个学生的学习情况有翔实的数据反馈,并能给出相应的解决措施。减轻教师负担的同时,能做到因人施教,每个学生能拥有不同的学习路径。但学生的学习方法还必须靠老师指导,学生的学习过程是否科学还必须靠老师帮助分析。这是学生学习过程中的关键内核,否则将会让大部分学无得法的学生处于机械练习的状态。对于理科而言,智能系统容易操作,而对于文科无论是现在还是以后都会有一定的难度。师生互动中人性的光辉,永远是机器无法替代的。教师一职,永远任重而道远!

——徐德兰

人工智能的出现是一种必然,而且会比我们想象的更快,就像新能源汽车一样,不知不觉每家公司都有新能源种类。在教育行业我觉得更要理性地思考。第一,人工智能最大的优势在于大数据的收集和分析,例如出试卷、批改作业、竞赛,对家长和孩子的各种调查问卷的分析,会省去很多人力物力,能快速给出答案,而且这样抓取的数据会更客观,更具有统计学意义。第二,人工智能对孩子的智力开发影响会更大,就像前段时间的"围棋人机大战",经过发达程序的培训,孩子的智力发展会更快。从另一方面看,对人的情商、财商、人与人的感情、沟通交流能力、创新能力等方面的培养才是更重要的"灵魂工程"。这些方面是人工智能很难取代,或在短期内不可替代的内容。其次,人工智能的设计是有极限的,会受到程序员以及设计者现有水平的影响,但孩子的创新能力无极限。总之,对学生创新能力和非智商方面的培养教育会变得更重要。

——乔立瑞

现代社会各行各业都在向人工智能化趋势发展,而现代教师也越来越专业化。未来有了人工智能的辅助,减少教师做重复、简单的工作,让教师有更多的时间关注学生个体的情况,关心学生的心理、情感,真正最大化地做到因材施教,培养个性化、创新型人才。高科技的人工智能只是冷冰冰的机器,无法取代教师本人在教育中的地位和作用。未来教育发展的趋势需要教师掌握更多的科技知识,并利用这些知识储备更好地与人工智能合作,达到教育最优化。

——张洁

小学六年级格律诗词写作初探

刘 滢

[摘　要]针对目前小学古典诗词教学多停留在诵读、默写、理解层面的情况,探索指导学生写作符合格律的诗词的可能性。

[关键词]古典诗词　教学　写作

习近平总书记曾说过:"古诗文经典已融入中华民族的血脉,成了我们的基因……语文课应该学古诗文经典,把中华民族优秀传统文化不断传承下去。"[1]近几年,诸如《诗词大会》《经典咏流传》等古典诗词类节目大热,这些节目带动更多的人开始诵读古典诗词、爱上古典诗词,这无疑是一件大好事。高兴之余,我开始思考一个问题:从教育者的角度来看,古典诗词的教学,是否仅仅背诵、默写、理解就够了?有没有可能让孩子去写作符合格律的诗词呢?

1.写作格律诗词的意义

1.1 写作是最好的国学传承方式

目前,小学课堂的诗词教学目标主要还是正确、流利、有感情地朗读、背诵、默写经典诗词,理解诗词的意思,了解其写作背景,赏析其写作手法。但我觉得,要解放孩子的思想和创造力,真正做到"国学传承",还可以再进一步。

就像孩子们学习了很多名家散文,除了陶冶情操之外,最终要把学到的写作方法用在自己的文章里,写出自己的作品。我们目前的诗词教学达到的程度,主要是理解,以及能在背诵和理解的基础上引用。我认为,可以尝试让孩子去写作属于自己的诗词,让中华传统文化的生命,靠实践真正传承下去。

1.2 创造是激发学习兴趣的最好方法

斯坦福大学教育学院院长丹尼尔·L.施瓦茨在《科学学习:斯坦福黄金学习法则》中给出了他的解释:"动手创造是一种创作可与人分享成果的学习方法……动手创造可以激发学习者的学习兴趣,积累实践经验,更可以逐渐成长为一项有益身心的终身爱好。"[2]教授诗歌也是这样,发挥创造力去写作,永远是学习诗歌、激发兴趣的最好方法。

我们的语文教材常要求孩子仿写名家的童诗,孩子在仿写的过程中,必然要了解这首诗的结构、写法特点、使用的修辞手法,这非常有利于孩子站在作家的角度去剖析诗歌。亲自体验了整个过程,他们就会对诗歌的写作有深刻的感触,他们能够探知作者当初是如何慢慢构思出这个作品的,更深地体验作者当时所处的环境和所思所想。而且只要写一次,他们就可以用这首诗的写法写出无数篇新的作品。而自己写出一首看上去和原作差不多的诗歌的满足感,和熟练默写出原作的感觉完全不同。孩子会觉得自己离"作家"、离"诗人"很近。如果把作品拿出来分享,再得到鼓励,他们会更深地体验到写诗的乐趣。

我个人喜爱写诗词,且曾发表过自己的作品,从自身体验来看,只有真正去动笔写,去"琢磨",才能感受到那种词句之间微妙的联系、那种情感的含蓄表达、那种用意向构建意境的美好感觉。这个过程会比仿写现代诗更难,但是只要孩子真正完成了,就会有很大的成就感。

于是我尝试在教学中引入格律诗词的写作,让孩子深入感受真正的诗词之美,分享作品,得到反馈的快乐。

2.探索写作格律诗词的可能性

2.1 从写一定韵律的"打油诗"起步

在教授苏教版语文《三亚落日》这一课时,我们设计的作业中有一个题目,是让孩子结合课文内容完成一首小诗,结尾可以尝试押韵,比如:"三亚落日诗意浓,活跃一天仍不休。渐收光芒变灯笼,颤动两下入海中。"

这篇课文里有大量的景物描写,于是就有了很多生动优美的比喻句和拟人句,只要从这些句子里挑一些字词短语出来,排列组合,就可以完成一首很简单的打油诗。学完课文,大家对文章内容非常熟悉,对其中生动的语句印象深刻,很快在课堂上拼接出了各自的打油诗,水平参差不齐,比较好的能在结尾押韵,或者用文中不同的比喻句打散再组合出对偶句,当然词语基本是课文里的。比如:

三亚落日有诗意,夕阳西下撒金粒。
醉醺涨溢出光彩,扑通一跳入水中。
三亚落日令人恋,椰树沙滩软如面。
时间一到羞红脸,太阳入水眨眼间。

我鼓励孩子放手去写,然后一起交流分享、点评。在批改、分享、表扬之后,大家对于写诗的畏难情绪减少了,并且对于自己能写出现代童诗以外的、韵律感更强的诗,产生了一点成就感。

2.2 尝试按照格律作诗填词

在此基础上,我考虑尝试指导真正的格律诗词的写作。要达到目标,需要孩子在这方面有一定的积累,还需要搜集写作素材,最后才是课堂写作技巧指导。

2.2.1 诗词积累

上一个学期,孩子们一直在复习《小学生必背古诗七十五首》,这使得他们有了一定的积累。

俗话说,熟读唐诗三百首,不会作诗也会吟。诵读大量经典诗词之后,孩子虽然无法记住诗词格律,但是对于诗词可以选择的题材、可以写的具体内容、怎样谋篇布局、怎样写景、怎样状物、怎样抒情、怎样押韵,必然会有一定的了解。

《小学生必背古诗七十五首》所选用的都是经典,主要特色就是用简洁、朴素、生动的语言来描摹事物,抒发情感。比如"床前明月光,疑是地上霜",比如"白毛浮绿水,红掌拨清波",比如"小娃撑小艇,偷采白莲回"。这些古诗结构简单,用词简洁,没有生僻字,没有堆积成山的典故,描述的是最朴素的景象,却令人回味无穷。

在相当长的一段时间内结合译文和诗歌赏析,反复诵读到熟练默写,这个过程就是"熏陶",就是给孩子提供模仿的基础,从内容到形式,还有"语感"。

2.2.2 搜集素材

写诗需要素材,在佳作熏陶之后,就要让孩子们去搜集素材。

在作文教学方面,我很重视"体验"的过程,没有体验,或写作时间离真实体验时间很远,就很难抓住事物的特点并写出真实感受。第一次写诗词,要让他们的体验给他们写作的冲动。

正当春光明媚的时候,我推荐了几处赏春地,请孩子周末出去赏花,亲手把喜爱的春景拍摄下来,写作的那天把照片带到学校。这个过程,既是搜集能够让他们由衷赞叹的景物,又是搜集对美丽春景的"感触",为写作提供物质和精神素材。

2.2.3 写作方法指导

做好充分准备,我开始正式的诗词写作教学。

第一步,先给孩子们欣赏我写的比较简单的五言绝句和篇幅较短的词。

《五绝·梅雪》:梅雪雰雰落,台城一夜白。琼枝摇碎玉,簌簌逸书斋。

《忆江南·冬景》:江南雨,飘洒透轩窗。寂寥花枝冬日老,哀哀银杏悼秋香,一地泪金黄。

《捣练子》:炎夏远,曼珠红,几絮悠云缀碧空。荷抹艳阳颜色好,轻撩水袖过香风。

古人的佳作看上去再简单,也有一定距离,更不要说贴着"李白""杜甫"的标签。身边熟悉的人写的诗词,会让他们觉得写诗作词并不很难。

第二步,出示五言绝句的四种格律供大家选择、参考[3],另附《忆江南》《捣练子》的格律供想要填词的同学选择[4]。然后,向大家简单解释平仄和押韵的相关知识。比如平仄是什么,哪些地方可平可仄,怎么押韵。

五言绝句:

仄起句式(一):(仄)仄平平仄,平平仄仄平。(平)平平仄仄,(仄)仄仄平平。

仄起句式(二):(仄)仄仄平平,平平仄仄平。(平)平平仄仄,(仄)仄仄平平。

平起句式(一):(平)平平仄仄,(仄)仄仄平平。(仄)仄平平仄,平平仄仄平。

平起句式(二):平平仄仄平,(仄)仄仄平平。(仄)仄平平仄,平平仄仄平。

词:

忆江南:平(平)仄,(仄)仄仄平平。(仄)仄(平)平平仄仄,(平)平(平)仄仄平平。(仄)仄仄平平。

捣练子:平仄仄,仄平平,(仄)仄平平(仄)仄平。(仄)仄(平)平平仄仄,(平)平(仄)仄仄平平。

(加括号处表示可平可仄,加点字为韵脚。)

第三步,请大家回顾以往诵读过的诗词,参考自己拍摄的"春"系列照片,以"春"为主题尝试自己写一首绝句或词,写某种花或某处景物皆可,注意适当抒情。如果实在不能做到完全符合平仄也没有关系,能部分押韵即可,按现代的韵来押也行,毕竟是第一次,以后可以让孩子自己备一小本《中华新韵》。

上一次写《三亚落日》打油诗和分享的过程给了他们自信,原本以为会听到很多畏难的声音,以为在放宽要求之后,很多同学仅仅会尝试作出一首比上次水平要高、稍有格律形式的打油诗,没想到孩子们很认真地把几种格律抄了下来,然后拿出词典,开始琢磨句子,努力往平仄押韵上靠。他们会想出几条符合格律的句子,让我帮忙挑选。每个人都在稿纸上认真写作,有的人打了满篇的草稿,认真翻词典查找韵字,有的人不屑于写绝句,娶求多给一些词牌格律,尝试填词。

全班二十位同学经过努力,写出了他们自己的第一首诗或词。

有基本符合五言绝句格律、词牌格律或只有个别字不符合的诗或词。

仄起句式(一):

《桃花》:淡淡桃花绽,尖尖细叶参。春风轻抚弄,瓣絮比潘安。

《二月兰》:二月紫兰醒,游人恋恋行。娇娇春色懒,绿叶衬翩莺。("紫"是仄声,应用平声)

《樱花》:碧日骄阳照,樱花粉嫩开。柔风拂飞燕,细蕊入白怀。("飞"是平声,应用仄声)

仄起句式(二):

《兰杉》:嫩叶伴新兰,天云衬水杉。星冠藏紫气,浅影晃溪潺。

平起句式(一):

《咏樱》:苍穹托满月,静静照白樱。华韵七日落,零零满地银。

("日"是仄声,应用平声;"ying"与"yin"不在一个韵部,所以"樱"和"银"不适合押韵)

词《忆江南》:

《玄武湖》：玄武好，青水衬白楼。柳树新装姿映水，樱花烂漫笑嫣飞。但愿永持辉。

《春景》：东风起，大地暖如谙。百鸟争鸣光灿烂，万花齐放色斑斓。春已到江南。

词《捣练子》：

风瑟瑟，影空蒙，花映湖中入净空。宛若涟漪轻点水，樱枝萧硕避春风。

还有不完全符合格律但感觉比较优美的打油诗。

有全诗对偶的：

《校园春》：春风掠桐叶，阳光抚海棠。石楠迎新春，双燕振翅翔。

《春水》：碧水卷轻舟，径草映亭楼。行风惊寂鸟，细水荡金钩。

有半对偶的：

《春晨》：轻风绕林间，晨辉洒柳边。蜂蝶戏花海，草青露尖尖。

《念春》：目隔粉星散春水，指抚紫兰露嫩蕊。玉柳暖风苏碧琴，洁樱冰云点秀梅。

有情感细腻的：

《玄武春》：春风掠扫玄武畔，赏樱游人未曾单。处处花开皆风景，阵阵微风亦有情。

《春》：玄武湖畔杨柳绿，细枝依依飘空中。叶间翠鸟振翅飞，只与蝴蝶伴春风。

《春绿》：梅花未谢迎春来，四月粉樱满院开。柳絮无根摇摇起，湖畔春绿不须栽。

有简单清新的：

《春景》：艳艳粉灵桃，春水碧凝涛。阳春三月美，悠悠玉绿草。

《粉樱》：粉樱染半天，绯似少女颜。玉枝随风绕，碧叶露青纤。

《玄武湖》：玄武湖畔草青青，光照湖中波粼粼。柳枝依依落水中，湖中水草绿莹莹。

《春棠》：春来早，海棠未成排。日出粉娇惜怜碎，喜雨偏爱绿叶怀。但愿永存欢。

《海棠》:湖边出美画,靓丽海棠花。静静白衣衬,亭亭柳树下。

3.写作格律诗词的实践结论

事实证明,指导六年级学生写出符合格律的诗词是可行的。前一次的打油诗写作—分享—反馈的过程、上一个学期的经典诗词诵读积累、到大自然里搜集写作素材的经历给了孩子们自信和素材去写出自己的作品。

后来,我让大家把自己的这次作品用工整的字体抄写到彩纸上,办一个班级原创诗歌栏,展示自己的原创诗作。这是另一个美好的体验,让孩子的智慧付出得到反馈,他们有极大的热情去进行下一个循环,就像施瓦茨说的"为螺旋上升的学习正循环提供持久的动力"[5]。

清康熙年间编订的《全唐诗》收录唐人诗歌48900余首,诗人2200余人。《全宋词》共计辑两宋词人1330余家,词作约20000首。这仅仅是我们能看到的流传下来的部分经典作品。我国历史上那么多朝代,又有多少没有被辑录进去的诗作和诗人呢? 当时,只要是有点文化、受过一点教育的人,都是会作诗的,而且是基本符合格律的诗。那么从这些数据上看,我们现代的孩子,只要接受一定的训练,也是能作出格律诗词的。

参考文献:

[1] 习近平万米高空聊传统文化:要学古诗文经典[N].人民网,2014-09-11.

[2] 丹尼尔L.施瓦茨,杰西卡M 曾,克里斯滕P.布莱尔.科学学习:斯坦福黄金学习法则[M].郭曼文,译.北京:机械工业出版社,2018:187.

[3] 王力.诗词格律[M].北京:团结出版社,2018:81-82.

[4] 王力.诗词格律[M].北京:团结出版社,2018:125-198.

[5] 丹尼尔L.施瓦茨,杰西卡M 曾,克里斯滕P.布莱尔.科学学习:斯坦福黄金学习法则[M].郭曼文,译.北京:机械工业出版社,2018:188.

关于阅读时光课程改革的思考

苏 平

今天,我代表阅读时光课题组的全体老师发言,主要从以下三个方面阐述。

一、开设阅读时光课程的意义

1. 阅读时光课程是培养学生做人优秀、做学问优秀的重要必修课程

苏杰学校的办学目标是:办中国最优秀的私立学校。我们培养出来的孩子首先是做人优秀,具有优秀的品德和情商,富有爱心和社会责任感;具有优秀的学习习惯,具有终生学习的积极态度和学习能力,具有审美能力和创新能力。围绕这样的办学目标和培养目标,苏杰的孩子必须海量阅读!

阅读最根本的意义在于:培养一个人具有优雅、包容、仁爱的内心,使一个人具有正确的价值观,始终热情、积极地面对生活,不断地传递给别人

美好和快乐;广泛而海量的阅读,会让一个学生更有智慧和学习能力,是苏杰学校小学生学好各门学科不可缺少的基础和阶梯。而让一个孩子从小爱上阅读、学会阅读、博览群书——这就是苏杰学校小学教育的一个首当其冲的重要任务,而且,必须像国家课程标准一样,有一个科学的苏杰学校阅读时光课程标准,同时拥有一个热爱读书的专业化的教师团队,这样,我们就能够不断创新,给予孩子最好的阅读时光课程。

老师们,为什么占世界人口2‰的犹太人却拿下了24%的诺贝尔奖?因为犹太人是一个"智慧的民族""书的民族",以色列孩子一岁的时候,母亲就开始给他讲《圣经》,两岁的时候开始翻阅《圣经》。以色列有一个传统,每一位母亲都会在《圣经》上抹上蜂蜜,让一岁的孩子就知道读书是甜的。犹太小孩放学回到家,犹太妈妈问的第一句话不是"你今天学到什么,考了几分?"而是"你今天在学校,问了老师什么问题?"不断地问问题,不给标准答案,是以色列教育的一大特色。

我们要向犹太人学习,让苏杰学校的校园,成为跨学科的图书馆,成为孩子探究性学习的博物馆。

2. 阅读时光课程教学取得的成绩

苏杰学校于2006年开设了"读书"课,后来改成了"阅读时光"课程,这在全中国的小学中是一个创新!取得的成绩和进步主要有:第一,用每周3—4课时(每学期50课时)来保证这门课程的实施,这在其他学校是做不到的;第二,教务部、教研室带领老师们坚持边研究、边实践,大胆创新,每学期从阅读内容、阅读量方面为各个年级学生选择合适的必读书目;第三,老师们能够坚持完成每学期教研室推荐的必读书目,并结合自己的教学实践边读书边研究,优秀读书笔记的数量在逐步上升,有的老师一年能够读十几本书;第四,老师们的课堂教学在积极进取、不断进步(比如,陈慧芝老师让孩子通过绘画、描写的方式,为书中的人物制作"人物档案册",这样的教学方法既是让学生自主地学习,也是一种很好的评价方式)。

二、关于阅读时光课程标准的研发

1. 本学期阅读时光课程研究方向

从这样几个方面开展研究：一是研究阅读时光课程的目标及内容；二是研究课型及其教学方法；三是开始将阅读教学纳入质量检测——这又是一个创新的新起点。

2. 对"教材"的理解

什么是"教材"？中国基础教育的几十年，"教材"在学生基本功训练和学生技能技巧的掌握、学生学习的速度等许多方面起到了很好的作用；在教师备课和教学方面，起到了范本和教学大纲的引领作用。在另外一方面，教材又被神圣化了：它往往通过平时的作业和学科考试成为评价学生的唯一标准；老师备课一般只看教材和教参——而教材永远滞后于教育的发生、教师的发展和学生的发展；对某一门课来说，学生学习这门课手上只有一本教材，事实上，这是远远不够的。我认为：教材只是促进学生学习的阶梯之一，使学生有登高望远的基础，通过教材和课程标准，学生可以通过各种学习方式，得到更多的学习资源。

狭义教材的作用——拐杖或桥梁，是提出问题和解决问题的起点；是围绕课程标准的举例或素材（有的学习是否用教材中的举例并不重要，重要的是根据课程标准找到更好的例子）。

广义教材——根据办学目标、学生发展目标和科学的课程标准，在教学大纲的引领下，"国家教材、校本教材、各类书籍和报刊、博物馆、图书馆、社会实践、电影、学生作品"等都是教材。

3. 阅读时光课程的基本理念

阅读时光课程是苏杰学校的一门跨学科课程，融"社会科学、自然科学、语言、艺术"等学科为一体，通过该课程的教学活动，培养学生具有美好的情商和优秀的品德；培养学生养成优秀的学习习惯和生活习惯；培养学生掌握科学的学习方法和思维方法；培养学生跨学科的学习能力、审美能力、研究能力和创造能力。

阅读时光课程应注重让学生学会阅读、博览群书、深入思考,并学会对自己的阅读质量进行评价。

阅读时光课程是语文课程部分教学目标的拓展和提升(例如:对阅读速度的要求;对阅读作品体裁的拓展;对写作文体的拓展。苏杰高年级学生可以撰写论文)。

4. 如何设计阅读时光课程的目标与内容

在苏杰学校阅读时光课程标准中,我们主要依据以下几个方面来设计目标与内容:

a.根据上述理念来设计;

b.以学期为单位来确定每学期的目标;

c.设计时注意和语文等文科的教学目标的区分与联系。

(1)研究案例(抛砖引玉):一年级上学期阅读时光课程目标:

a.阅读量不少于1.5万字;

b.课外:9月至11月,每天阅读无字或少字绘本20分钟;12月开始:每天阅读绘本或汉语拼音读本20分钟、周末阅读30分钟。

c.在老师的帮助下,通过听读、指读等形式读懂文字内容,能够了解和叙述故事或短文的主要内容;

d.通过阅读时光课程的学习,逐步提高口头表达能力和交流能力,经过两个月的学习,能够独立(脱稿)说话一分钟,将一件事情有条理地阐述清楚,或阐述自己的一个观点;

e.通过阅读,逐步了解日常生活中的各类常识,培养生活能力;

f.逐步培养良好的阅读习惯和学习习惯;

g.逐步具有美好的情商和各项优秀的品德;

h.喜欢阅读,并主动与他人交流、分享,感受阅读与交流的快乐。

三、如何建立阅读时光课程教学的评价体系

1. 什么是好的评价

美国的一位学者 Ellen Weber 在谈到传统评价的问题时讲了一个故事:在一所动物学校里,校长要求每个动物都必须学习四门课程:跳、飞、啄、挖。评价标准是一样的:在最终考试中,犯的错误越少得分便越高。

在这四门课程结束之前,动物们产生的焦虑情绪是可想而知的。可怕的考试在一周后进行,随之产生的结果也是可以预见的:鹿在跳栅栏一项上得了"A+",却在"飞"和"啄"的考试中失败了;老鹰用低飞通过了跳跃的测验,在飞行中得了高分,却在"啄"测验中折喙,在"挖"的考试中损坏了脚爪;松鼠在"啄"的方面不可能做到像啄木鸟那样轻松自如,结果也只能勉强通过考试;于是,表现最优秀的莫过于院子里的小鸡了,它在跳跃测验中得了A,在"飞""啄""挖"三项测验中也得了很高的分数。这只小鸡理所当然地成了第一名,而鹿、老鹰和松鼠却失败了,它们可能会因为自己羞于启齿的成绩而从此一蹶不振。

显然,这个动物学校的校长的评价不是一个好的评价。

教育评价的对象是"人",学生的能力、习惯、学习兴趣、探索过程、大量的生活实践活动、不同年龄学生的思维特点等许多方面无法用僵硬的公式或一张考试卷来表达。

传统的评价过分地强调"甄别与选拔",过多地关注对书本知识掌握的评价,过于重视终结性评价,单一地用纸笔测验等等。

传统评价的优势我就不在这里阐述了。以阶段性笔试为主的传统评价的弊端至少有这样几方面。(1)在学习方面,学生孤立地对每一个问题做出反应,以资料的简单堆砌对问题做出答案;仅仅局限于对课本知识的考察,与学生大量的课外生活无关;传统评价更多的是测查学生的短时间记忆能力。(2)对学生采取"一刀切""穿一样大的鞋子"式的评价。(3)在情感和态度方面,学生容易以被动、消极的态度对待学习;其不公平性容易挫伤

学生的积极性和自信心;竞争有时还使某些学生处于一种敌对的关系中。事实上,不是竞争而是合作精神的培养,更容易让孩子们在将来的社会生活中获得快乐和幸福!

客观上,评价的改革与创新是一切教育改革的指挥棒。那么,什么是一个好的评价呢?我认为,"好"就是指"最适合",而且,"好的评价"应该是在动态的发展中不断地"更适合"。

我认为:对孩子的学习做评价的主要目的,是为了使我们准备的教学活动能适应孩子的学习发展,因此,要使评价变得有效和专业。将评价作为教学过程的一个部分,通过评价产生高质量的学习活动。一个好的评价应该做到以下几点。(1)激励学生学习、使不同个性的孩子每天都有成就感;同时个体知道自己还需要解决哪些问题,有清晰的学习目标。(2)教师及时知道教学中存在的问题,迅速地做出调整,将时间损失(教学机会损失)降到最低程度。如面对同一教学目标,不同学生达到目标的不同水平;教师的备课、教学方式等是否适合这个班的学生。(3)及时了解学生的学习潜能、学习需求和发展趋势。

2. 好的评价案例

近40年来,国际上重视将量化评价和质性评价结合起来。如美国的"国家科学教育标准"中指出:做课堂行为记录;做一些项目调查;对学生的学习情况做书面报告等。英国则强调评语制度。我国近年来也在尝试成长记录袋、表现性评价、情景测试、行为观察等等。

我校关于学生评价的研究,是从2002年美丽的半山园开始的。做得比较成功的是在评价内容方面不断创新。

我们已有的量化评价:学科测验的量化评价;对学生数学思维过程的量化评价;学生常规表现的量化评价;学生评优的量化评价;等等。

我们已有的质性评价:评语式评价;通过运动会、评优大会、音乐会等活动来表演和展示;评"领跑者团队"等月度评优颁奖;班级文化墙展示;低年级的"笑脸式"评价、贴画奖励;等等。

我们还有一项独特、创新的评价:在招生方面,通过体育游戏测验学生的合作能力、协调能力等;通过礼仪等活动来测验学生的好习惯、家庭教育质量等;通过做集体游戏来测验学生的自控能力等。

3. 如何研发阅读时光课程教学的评价体系

评价的目的是促进学生的发展,让每一位学生都喜欢阅读,都学会阅读,完成阅读量的底线,不断提升综合能力等。

我认为,从以下两个方面来研发:

(1)评价内容——多元化评价

评价的内容需关注:全面性、综合性、发展性

a. 对阅读量的评价

b. 对阅读速度的评价

c. 对阅读能力的评价:概括能力;分析能力;形成自己的观点;运用到实践中和其他学科中;自我拓展阅读的能力等

d. 对交流能力的评价

e. 对书面表达能力的评价

f. 对学生学习态度和学习习惯的评价……

备注:并不是每一个年级同时期都评价上述内容。

(2)评价技术和方法

质性评价:观察记录;对读过的一本书做点评;分享发言;辩论赛;读书笔记;成长记录袋;表扬和评奖;评语式评价;作品展示,课本剧表演;等等。

量化评价:评价阅读速度;评价阅读量;笔试;以分数的形式纳入评优;等等。

亲爱的老师们,小学教育是一个跨学科的综合教育,让我们每一位老师都行动起来,共同建设一个热爱读书的学习型团队,共同关心和支持阅读时光课程的创新发展,让苏杰的每一位孩子都成为优雅的读书人。

小学教育亦可有大格局

——美国研学有感

侯　婧

2019年苏杰学校骨干教师美国研学中,老师们走访了美国东部4个城市的5所大学,12座博物馆,进行了2次教师工作坊的活动,还游览了一系列著名的景点,大家都感到收获颇丰。不远万里出国研学,其实并不是因为"国外的月亮比中国圆",实际上国外也有许多不足的地方。那为什么我们还要不断走出国门去研学呢？除了能取长补短,学到一些具体的教学理念和方法而外,其实更重要的是感受不同文化的冲击,拓宽我们的视野,让我们换个角度看问题,突破自己的局限,以更大的格局、更长远的目光审视我们的教育教学,从一个只关注课本,只看到三尺讲台的教书匠成为一个真正有理想、有追求的教育者。

那么,如何从一个更大更新的视角来审视我们的小学教育呢？有以下两个方面可供参考。

一、大学的精神

在研学旅程中,老师们参访了哈佛大学、麻省理工学院、耶鲁大学、哥伦比亚大学、宾夕法尼亚大学共5所世界著名大学。在我们的耳中,它们的名声如雷贯耳,家长和老师都以自己的孩子或学生能上这样的大学为荣耀,从小学开始就努力培养孩子为将来申请到名校而努力。这无可厚非,但如果我们对它们的理解只停留在响亮的名气上,未免有些狭隘。只有明白大学的精神是什么,它们看重什么,想要培养怎样的人,我们在培养学生时才会更有方向。

1. 富有美感和文化的氛围

一所大学给人最直观的印象来自它的校园,一所世界著名大学,它校园的布局、建筑、装饰、来往的人都有这所学校独特的气质,深深吸引着每一位来访者,也感染着在这里求学的学子。而它们都有一个共同的特点——富有美感和文化气息。

这种美感首先体现在校园的建筑上:哈佛红色的英伦式建筑、麻省理工宏伟的罗马式建筑、耶鲁高大的哥特式建筑、哥伦比亚大学对称的文艺复兴式建筑、宾夕法尼亚大学多样化的建筑风格……它们无不造型优美、色彩雅致,很多都是建筑学教科书中的范例,与绿树、草坪、雕塑等交织错落,让人行走在其间就得到美的享受。求知本就是该与求美联系在一起的,不是吗?

当然,让校园真正富有美感的是它的文化气息。每个大学最突出最宏伟的建筑一般都是图书馆,每个大学也有自己的书店,书店中不仅有丰富的图书,也充满了这个学校的文化符号,比如用校徽和院徽制作而成的各种纪念品,让学生迅速产生认同感。我们到访时虽然是暑假,但校园中依然随处可见专心阅读和讨论问题的人,他们共同构成了一道最吸引人的风景线。

让孩子爱上学习,爱上学校,这样富有美感和文化气息的氛围难道不是很重要吗?

2. 开放、平等与尊重的精神

国外的大学绝大多数都是没有围墙的,也没有宏伟的大门和醒目的校名。它不会制造压迫感和隔阂,而是以开放的胸襟欢迎每一个来访者。

大学教育固然是精英教育,但它尊重每一个人受教育的权利:优秀的贫困学子可以申请到全额的助学金;不同文化、种族、宗教的人群都可以平等地共享资源,合作完成项目;女性的地位不断提高……给我们留下深刻印象的是耶鲁大学校园内由著名的美籍华裔建筑师、林徽因的侄女林璎设计的"女性圆桌"水池雕塑,上面记载着耶鲁历史上历年女学生的人数,看得出来,这个数字是逐年递增的。这个雕塑被安放在大学图书馆前,位置非常显著。它时刻提醒人们女性争取自身权益的不易,提醒人们平等地对待不同的性别、不同的人群。

有趣的是,校园里不仅人与人相处非常融洽,人与动物的相处也很融洽。草坪上随处可见松鼠、兔子、鸟儿等,它们怡然自得,一点也不怕人。

一个人有开放的胸襟、平等的意识,尊重他人,才能拥有广阔的视野,为社会做出贡献。我们要培养的不就是这样的人吗?

3. 敢于打破常规的创新意识

走进麻省理工的校园,有一座银灰和蓝色交错的楼一定会引起你的注意。它仿佛是由几个几何体随意拼接而成的,满身是不规则的棱角,看起来非常奇怪,好像是从什么科幻作品中直接跳出来的。这就是麻省理工著名的32号楼,即史塔特科技中心。寓意就是打破规则,让发明成为一种快乐。在学校自己的博物馆里,当我们看到学生们创作的各种各样"脑洞大开"的设计时,这种不拘一格、打破常规的感觉更为强烈。这些设计看重的并非其实用价值,而是其中的创意以及将其付诸实践的能力。反观我们的教育,太注重"有没有用"的实用价值,无形中扼杀了孩子的创造力和大胆实践的精神。

其实,要想申请进入这样的大学,可以量化的成绩并不是最重要的,学校会更看重申请人的个人价值和特质,那些特质被认为是可贵的。

这一切让我想到了陈寅恪先生说过的——"独立之精神,自由之思想",它是每个有追求的知识分子所向往的境界。然而独立和自由的精神思想并不是到了大学就突然会有的,而是一种经由长期积累打磨而形成的"性格"。它也需要我们教师小心地呵护孩子的奇思妙想,帮助他们突破功利的藩篱,去探索我们也未曾发现的全新领域。

当然,大学的精神远不止这些,它还有深入研究和探索的精神、继承和发扬人类最优秀的文化传统的责任,以及关注公共领域、回馈社会的担当等,这些观念和精神都需要从小培养。

二、博物馆的情怀

1. 开放的格局与珍视民族历史

美国的历史只有200多年,按理来说博物馆应该没有太多东西可以展示。但实际上美国的博物馆资源非常丰富,其展品的质量也非常高。秘诀之一在于它没有将目光局限于一个国家或一个民族,许多博物馆都是放眼全球,从人类文明发展的角度来策展的。在宾大博物馆,我们可以看到来自非洲、美洲、亚洲、欧洲等地的文物;在大屠杀纪念馆,我们可以看到对二战期间犹太人遭迫害的完整历史记录;在国家美术馆,我们看到的作品也远不局限于美国本土……其中最有代表性的是大都会艺术博物馆,它囊括了全球各种文明、各种门类的文物和艺术品,在馆内可以从埃及的丹铎神殿一路走到模仿苏州园林的阿斯特庭院,可以从希腊罗马的雕塑作品一直看到印象派的油画,从古代的珠宝和兵器盔甲一直欣赏到现代的乐器和摄影,可以毫不费力地跨越时间与空间的障碍,看到整个人类文明史发展的脉络。常去这样的博物馆,人的视野不会仅仅局限于一时一地。

展品质量高的第二个原因在于美国历史虽短,他们却极其珍视这段历史,所有与其相关的物品和文献都保存完好,并且能用丰富多彩的形式充分展现出来。比如在波士顿,他们会用"自由之路"的形式将于美国独立有关的建筑和景点串联起来,让人们"重走自由之路";比如他们会把整个航空母舰改造成博物馆,让人们登上甲板、进入舱内进行了解;比如在航空航天博物馆内,他们会将飞机、火箭等悬挂在天花板上,给人直观的视觉震撼;比如在国家历史博物馆内,他们会进行一个又一个的场景还原,让人有重回过去的感觉……

如何让我们的学生既胸怀天下,视野不受到局限,同时又热爱本民族的文化,是我们应该思考的课题。

2. 通过亲身体验来实现教育功能

博物馆不仅仅让人的视野得到延伸和拓展,还承担着教育的功能,可以促使人们对历史或现实进行思考,可以锻炼孩子各方面的能力。而在美国的博物馆中,这种教育功能是通过让游客亲身参与其中来传达和实现的。

第一个给我们留下较深印象的是波士顿的茶党博物馆。这个博物馆要呈现的其实就是我们历史课本上曾经学过的波士顿倾茶事件。本以为是去看文字、图片和视频,没想到却深入体验了一把角色扮演。我们拿着角色卡,头上插着印第安人的羽毛,和装扮成历史人物的导览员一起"密谋"、一起呼喊、一起经历整个历史事件。这一趟旅程下来,课本上那些冷冰冰的文字忽然有了温度,直到现在我还记得每一个细节。

接下来最让人兴奋的是波士顿的儿童博物馆和费城的触摸博物馆。宽敞的场馆内设计了各种各样的互动项目,孩子们和家人可以放松地坐在地上搭积木、吹泡泡、阅读、做游戏,还可以演话剧、体验各种职业和生活场景、探索自然和人体等。尤其是触摸博物馆,为孩子们建了一整座微缩城市,鼓励孩子们大胆去触摸和探索,成为这个城市的主人。孩子们不仅了解了各种科学和社会知识,而且动手实践、人际交往等能力也在愉快地玩耍中得到了充分的锻炼。

让我难忘的还有犹太人大屠杀纪念馆。一进门,就看到墙壁上大大的一行字"Never stop asking why(永远不要停止问为什么)",类似这样简洁而发人深省的句子还有"This museum is not an answer, It's a question(这个博物馆不是一个答案,而是一个问题)","What's your question?(你的问题是什么)"没有过多的语言,却时时刻刻逼着人们反思和追问,为什么会发生这样的事?怎样才能避免它再次发生?我们能做什么?……在参观前,每个人可以拿到一张"身份证",每一张上都有一名真实存在过的犹太人的照片和信息,每一张都不同。中途经过一个走廊,那些犹太人和犹太家庭的照片从高高的天花板一直悬挂到地面,那一张张鲜活的面孔一下子就击中了你的心,他们不再是历史书上的一串数字,而变成了一个个活生生的人,而你,不知不觉地参与进了历史,不知不觉地感同身受。这既是一种教育,又是一种人文关怀。

这次研学,我一直在想的就是这些精神或观念,它们看似非常"大",非常"空",但从启发、启蒙的角度来看,又是实实在在的。年少时接受的一些观念往往十分牢固,孩子们在无形中形成的这些能力、培养的这些思维习惯就像一颗小小的种子,会在他们不断的学习、成长过程中发芽、开花、最终结出累累硕果。让他们获益终生。从整个国家的教育来看,除了知识上的接续外,也不至于产生精神脱轨和断裂。从这个角度来看,小学教育也拥有了更大的格局,有了全新的意义。

浅谈苏杰学校初中部的教育教学

苏 平

2019年9月,苏杰学校初中部隆重开学,同时也正式开启九年一贯制教育模式。苏杰学校初中部以"办中国最优秀的私立学校"为目标,以"更快乐、更健康、更优秀"为校训,用挚爱和智慧创造最适合学生的教育。

一、以优秀的教育教学使学生走向更优秀

1.初中部教育教学目标

初中部的教育教学目标为:培养学生具备优秀的情商和品德;培养学生养成优秀的学习习惯和生活习惯;培养学生掌握科学的学习方法和思考方法;培养学生的研究能力和创新能力,让学生具有强壮的身体和爱运动的生活方式。最终成为身心健康、热爱运动、拥有优雅和智慧的终生学习者,为培养未来各领域国际化精英人才奠定坚实的基础。

学生经过三年的学习,不仅仅以优秀的成绩考进最优秀的高中,而且

在初中阶段为学生打下扎实的基础，使学生在高中阶段，能够可持续地优秀发展，一步步实现每一个优秀的目标，以优异的成绩进入国内外最优秀的大学。

2. 初中部课程设置及其教学

重视人文教育、科学教育、艺术教育的统一和谐；重视学生优秀人格塑造与智能培养的统一和谐；重视学生应试能力培养和研究能力培养的统一和谐。首先开足开好国家规定的课程，认真执行国家课程标准，在高质量完成国家规定课程的基础上，根据苏杰的办学目标，可持续研发最适合学生优秀发展的校本课程、校本教材。

苏杰学校初中部校本课程设置的宗旨是：根据"办中国最优秀的私立学校"的目标和"四个培养"的学生优秀成长目标，在充分吸收中国文化精髓基础之上，吸取先进国家在培养学生综合学习能力和创造思维等方面的精华；吸取先进国家科技发展、教育创新等各方面优秀的课程资源，让学生掌握人类最先进的学习方式、思维方法和创新思维方法，充分享受STEM教育等优秀的学习与研究活动的过程，培养学生的跨学科学习能力与研究能力，培养学生的多元文化意识和包容能力。

一方面，苏杰学校以精英教学为标准，以掌握最先进的学习方法为目标，课堂教学和一对一指导相结合，更系统地、科学地培养每一位学生的应试能力和文化软实力，一步步实现每一个优秀的目标，使学生们经过三年系统的学习，以优秀的中考成绩，考进最优秀的高中。

另一方面，苏杰学校初中部能够更好地培养每一位学生可持续发展的综合学习能力和创新能力，使每一位苏杰学生离开苏杰后都能得到更优秀的发展，高中毕业时以优异的成绩进入国内外最优秀的大学。

初中部开设的校本课程：

理科：数学思维、环境科学研究等

文科：阅读、演讲、论文写作等

英语：英语阅读、英语演讲与写作等

体育：游泳、健美操、网球、赛艇、排球、橄榄球等

跨学科:STEM教育创新(无人机、机器人等)

艺术:声乐、乐器类、艺术文化创新等

我们期待并要求每一位苏杰学校初中学生,不在外面上任何中考学科类培训课,周一至周五,学校为每一位学生提供课后服务,学生每天在学校完成当天全部学习任务和作业。在学校晚餐后,不将作业带回家、轻轻松松地放学。苏杰学校将全部中考强化训练等提优课程,有计划、成体系地放在周一至周五的教学活动中,从方法论的角度,循序渐进地培养学生的应试能力,培养学生将各学科融会贯通的研究能力。

二、持续建设富有责任感、优秀的教师团队

初中部将传承苏杰学校19年来的风格,依然设置"小而精,小而雅"的小班化教学模式。每个班20人左右,师生比1∶6,我们将为每一个班配备各学科的教学高手。

要实现"办中国最优秀的私立学校"的目标,需要靠领导者的思想高度和正确的价值观;靠优秀的团队文化和价值观;靠优秀的团队合作能力和行动力。初中部的每一位教师均经过人力资源部各方面严格的考察,他们人品优秀,教学能力强。"培养勤奋阅读、善于思考的求知精神;培养师德优秀、儒雅大气的美丽精神;培养精益求精、刻苦钻研的科学精神;培养积极改革、勇于创新的研究精神"——这是初中部教师团队的风格。

在2020年居家工作的特殊日子里,初中部的各科老师精心备课、细心打磨每一份PPT,积极开展线上教研活动;教研室根据疫情期间教学模式的变化,及时科学规范地制订了课程表,并有序组织各种专题培训和研讨;教务部和人力资源部互相配合,全心全意地为教学一线服务,从每一句学科语言的准确表达、作业批改的质量、每一种课型教案的打磨等各方面,进行调研和评估,及时改进和创新,确保了同学们居家学习的质量。老师们还就居家学习的教学质量进行专业、细致的分析,使整个教学过程几乎不受疫情的影响。

为了打造最优秀的初中部教师团队,学校将一如既往地为每一位初中老师提供实现教育理想、不断走向成功的大舞台。我们将坚持聘请南京师范大学、南京大学等学科专家给予教师最优秀的培训,组织教师参加优质的研学活动、学术研讨会等,将持续开展多元化与个性化相结合的优质高效培训活动。

学校将利用每年暑假期间,带领骨干老师们分别赴英国、美国、芬兰、以色列、德国等地,开展国际研学培训活动,通过走访剑桥大学、哈佛大学、麻省理工等的著名实验室、图书馆和著名中小学等,通过各种博物馆、教育机构和教育科技企业的研学活动,思考和研究苏杰中学教育,使苏杰学校教师拥有最优秀的教育理念和最科学的行动,通过孜孜不倦的努力,让苏杰学校的初中毕业生的中考成绩在南京市名列前茅、综合能力在南京市名列前茅。

三、重视培养学生的综合研究能力与跨学科思维能力

为了进一步为学生提供体验式学习、创新式学习的机会,培养学生跨学科学习能力和解决问题的能力,学校精心打造了校园博物馆。学生个人或班集体可以根据个人兴趣爱好或特定主题申请举办特展活动,通过让学生参与设计、策展、布展、讲解等活动培养学生的研究能力和领导力。

学校还将通过每个学期不同的节日主题,例如艺术文化创新节、数学美学节、科学节、读书节等培养学生的科学精神、审美能力、艺术创新能力以及跨学科的思维能力等,积极践行苏杰教育的理念,培养孩子的综合学习能力,共同创造苏杰优秀的教育文化。

四、建设现代化的智慧校园

到2021年,我们将把苏杰学校建设成为现代化的智慧校园。我们将根据"智能建筑设计标准"和"中小学数字校园建设规范"等标准,应用物联

网、云计算、大数据、云平台等新一代信息技术与现代教育技术的深度融合,实现教育教学的互联互通、信息共享;实现环境信息、资源信息、应用信息等全部数字化,让师生享用智慧教学环境、智慧教学资源、智慧学校管理、智慧后勤服务。我们也将通过线上、线下交流活动,为家长提供优秀的家庭教育资源。苏杰人将更注重对每一位学生的细致关心,研究每一位学生的健康成长,让每一位学生都能优秀地发展。

苏杰学校的初中生应该具有更多国际一流中学生的优秀特质和能力——这是苏杰人多年来的工作目标。经过多年来的积累实践,苏杰人从学校文化、课程标准、智慧校园建设、教师发展和学生培养等各方面,进行了充分的研究。一个温暖的、充满智慧的、安安静静做教育的学者型团队,已经开始迈向创办世界一流优秀私立学校的旅程。

第六章

翰墨丹青

暮归　油画　钱小燕绘　2018年

早春　油画　钱小燕绘　2019年

静物写生　油画　钱小燕绘　2019年

山水　国画　王彩霞绘

山水　国画　王彩霞绘

西江月·夜行黄沙道中

宋 辛弃疾

明月别枝惊鹊，清风半夜鸣蝉。稻花香里说丰年，听取蛙声一片。

七八个星天外，两三点雨山前。旧时茅店社林边，路转溪桥忽见。

庚子年徐建书于南京

西江月·夜行黄沙道中　徐建书

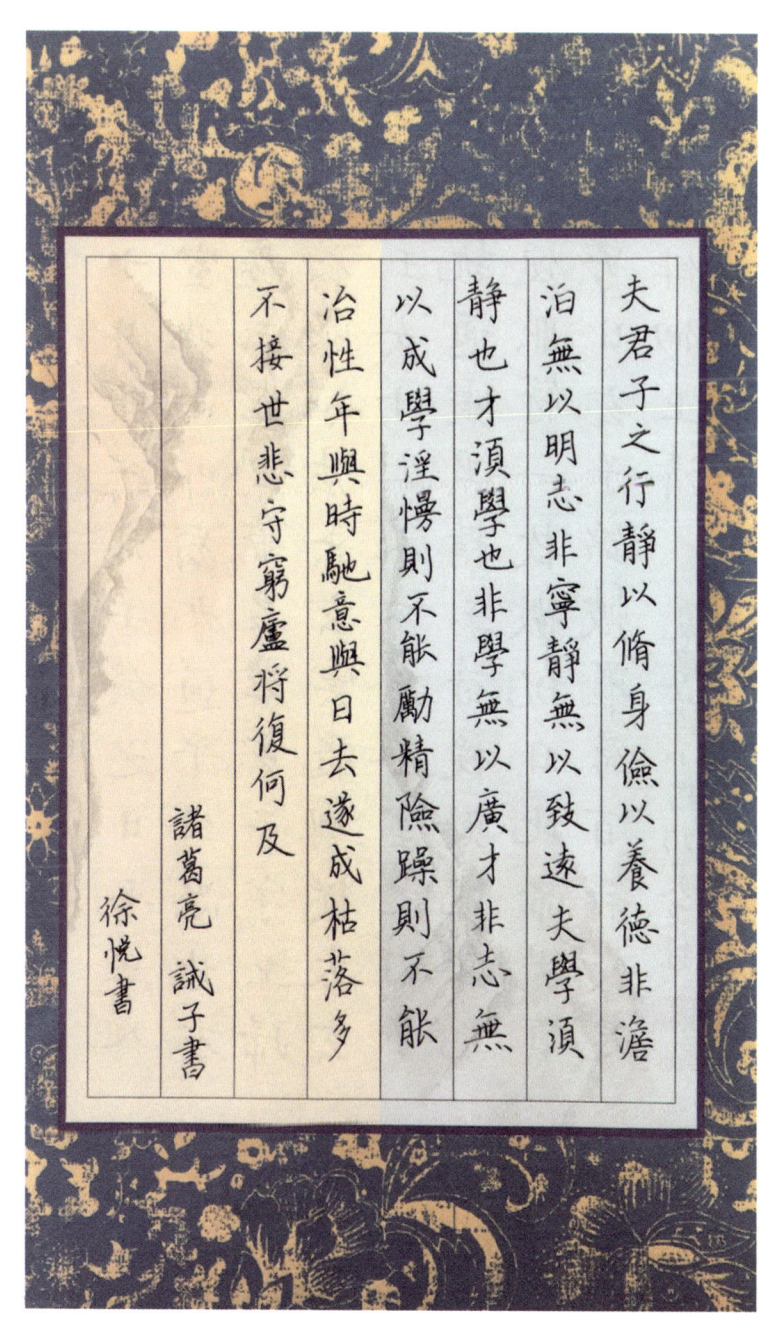

夫君子之行靜以脩身儉以養德非澹
泊無以明志非寧靜無以致遠夫學須
靜也才須學也非學無以廣才非志無
以成學淫慢則不能勵精險躁則不能
治性年與時馳意與日去遂成枯落多
不接世悲守窮廬將復何及

諸葛亮 誡子書

徐悦書

诚子书　徐悦书

十一月壬癸之日平旦入室北向叩齒九通平坐思北方極玉真黑帝君諱玄子字上歸衣服如法乘玄雲飛輿從太玄玉女十二人下降齋室之內手執通靈黑精玉符投與咽身咽便服符一枚微祝日比帝黑真號曰玄子錦帔羅帬百和交起俳佪上清

夏建萍小楷臨靈飛經

灵飞经　夏建萍书